Der letzte Patriarch

Reinfried Pohl im Urteil bedeutender Zeitgenossen

Herausgegeben von Hugo Müller-Vogg

| Hoffmann und Campe |

1. Auflage 2008

www.hoca.de
Foto Schutzumschlag: Wolfgang von Brauchitsch
Druck und Bindung: GGP Media GmbH, Pößneck
Printed in Germany

ISBN 978-3-455-50084-4

HOFFMANN
UND CAMPE

Ein Unternehmen der
GANSKE VERLAGSGRUPPE

Inhalt

Reinfried Pohl – eine Unternehmer-Legende

Mitte der neunziger Jahre bin ich Reinfried Pohl zum ersten Mal begegnet. Zweierlei fiel mir damals auf: Dieser außergewöhnlich erfolgreiche Unternehmer ist ein freundlicher, zurückhaltender Herr. Kurzum: Er tritt viel bescheidener auf als viele andere Mitglieder der „Financial Community“ am Bankenplatz Frankfurt.

Noch eines wurde mir bei unserer ersten Begegnung bewusst: Ich hatte ihn, obwohl ich da schon etwa sechs, sieben Jahre in Frankfurt arbeitete, zuvor nie gesehen. Denn all die Stehempfänge, Galas und Bälle, auf denen sich manche Herren in Nadelstreifen gerne selbst darstellen, meidet er fast gänzlich. Wenn andere feiern und repräsentieren, arbeitet er lieber.

Schon damals war Reinfried Pohl einer der ganz Großen in der Finanzbranche. Als Gründer und Chef der Deutschen Vermögensberatung AG hatte er mit seiner Allfinanz-Konzeption bereits Finanzgeschichte geschrieben, war die unbestrittene Nummer eins unter den Finanzvertrieben und steigerte Jahr für Jahr Umsatz und Gewinn. Als er im Juli 1995 in der Frankfurter Festhalle das 20-jährige Bestehen seines Unternehmens feierte, hatte man den Eindruck, hier habe jemand mit 67 Jahren den Höhepunkt seiner Karriere erreicht.

Was für ein Irrtum! Während manche Beobachter am Finanzplatz über den allmählichen Abschied des Patriarchen spekulierten, legte der erst richtig los. Der „Finanz-Papst“ brach zu ganz neuen Ufern auf. Die Kooperation mit der Deutschen Bank im Jahr 2001 machte die Deutsche Vermögensberatung AG zusätzlich zum mobilen Vertrieb der größten deutschen Bank.

Die beste und erfolgreichste deutsche Bank samt ihrer Fondsgesellschaft DWS, der Nummer eins in der Fondsbranche, tat sich mit dem besten und erfolgreichsten Finanzvertrieb zusammen – eine geradezu ideale Partnerschaft. Spätestens jetzt konnte niemand mehr übersehen, dass die einst als „Struckis“ oder „Drücker“ verunglimpften

Pohl'schen Vermögensberater aus der Sicht der Deutschen Bank einfach die besten und seriösesten sind.

Hatte „Mister Allfinanz" jetzt endgültig den Gipfel erreicht? Mitnichten! Seine Erfolgsgeschichte ging einfach weiter. Sein Allfinanz-Konzept wurde zum Maßstab der Finanzbranche, und der von ihm „erfundene" Beruf des Vermögensberaters zu einem Erfolgs-Begriff, mit dem sich immer mehr schmückten. Reinfried Pohls Ideen wurden landauf, landab kopiert – wenn auch nicht immer mit Erfolg.

Wenn Nachahmung die höchste Form der Anerkennung ist, dann ist er in den letzten Jahren mit Auszeichnungen geradezu überschüttet worden: Sparkassen und Banken setzen immer mehr darauf, ihre Kunden zu Hause zu beraten; diese Außendienstler der Geldinstitute nennen sich nach Pohl'schem Vorbild inzwischen ebenfalls „Vermögensberater"; große Geldinstitute werben mit ihrer Kompetenz in Sachen Allfinanz; konkurrierende Finanzvertriebe sind längst dem Vorbild der DVAG gefolgt, beschränken sich strikt auf den Vertrieb und verzichten auf das Angebot eigener Produkte. Und nicht zuletzt: Die vor 30 Jahren von der Deutschen Vermögensberatung AG eingeführte Vermögensanalyse ist in der Branche inzwischen Allgemeingut.

So konnte Reinfried Pohl mit seiner Familie und seinen 32 000 Vermögensberatern im Jahr 2005 das 30-jährige Firmenjubiläum feiern. Es war zugleich die Feier zum Siegeszug einer Idee. 77 Jahre war der Finanzmarkt-Pionier damals – und noch kein bisschen müde. Ganz im Gegenteil. Im Jahr darauf gelang ihm der wohl spektakulärste Coup: Die AachenMünchener, zweitgrößter deutscher Anbieter von Lebensversicherungen, entschloss sich, ihre Produkte ausschließlich von der Deutschen Vermögensberatung AG vertreiben zu lassen. Damit hat Pohls Unternehmen allen seinen Konkurrenten etwas ganz Entscheidendes voraus: einen exklusiven Produktlieferanten.

Was für eine Entwicklung innerhalb eines Jahrzehnts! Und was für eine Entwicklung seit der Unternehmensgründung im Jahr 1975! Damals hatte Reinfried Pohl – ungeachtet seiner äußerst erfolgreichen Tätigkeit beim Deutschen Herold und bei der Bonnfinanz – mit 47 Jahren vor dem Nichts gestanden, weil er seinen Eigentümern zu mächtig geworden war. Inzwischen ist er sein eigener Herr, hat den Markt für Vorsorge und Vermögensberatung revolutionär verändert und die deutsche Finanzgeschichte gleich um mehrere wichtige Kapitel bereichert.

Der Erfolg dieses Mannes beruht im Wesentlichen auf drei Pfeilern: seinem Allfinanz-Konzept, seiner Fähigkeit, seine Mitarbeiter ständig zu neuen Höchstleistungen zu motivieren, und seiner Beständigkeit. Gerade weil Reinfried Pohl über Jahrzehnte unbeirrt an seiner Konzeption festgehalten und selbst in schwierigen Zeiten nicht an sich gezweifelt hat, hat er so viel erreicht. Es ist geradezu faszinierend, nachzulesen, wie treffend Reinfried Pohl die Themen Vorsorge, Versicherung und Vermögensaufbau bereits vor mehr als 30 Jahren analysiert hat und wie zutreffend die meisten seiner Vorhersagen waren.

Im Juni 1976, ein Jahr nach dem Start seines damals noch als „Allgemeine Vermögensberatung AG" firmierenden Unternehmens, hatte der Gründer die rund 200 wichtigsten und erfolgreichsten Mitarbeiter nach Frankfurt zum ersten „Fest der Gewinner" eingeladen. Dort entwickelte er in einer Grundsatzrede über „Tätigkeit, Ziele, Pläne und Chancen" der jungen Gesellschaft seine unternehmerische Philosophie.

Bereits damals sagte er voraus, dass der Staat keine Rundum-Versorgung garantieren könne und deshalb die private Vorsorge ein unternehmerisch interessantes wie gesellschaftspolitisch wichtiges Tätigkeitsfeld biete. Die „Hauptziele", die Reinfried Pohl damals nannte, waren sehr ambitioniert: Er wollte das Berufsbild des Vermögensberaters schaffen, dieser neue Berufsstand sollte von der Öffentlichkeit wie vom Staat anerkannt werden. und das eigene Unternehmen sollte „zum Symbol für die in fachlicher und persönlicher Hinsicht qualifizierten Vermögensberater werden".

Der Unternehmensgründer hatte zugleich den Ehrgeiz, dass das eigene Unternehmen „eines Tages identisch mit dem Berufsstand Vermögensberatung in Deutschland" sein werde. Zudem sollte die neue

Aktiengesellschaft „die größte Berufsgemeinschaft von Vermögensberatern in Deutschland“ werden und ebenso „zu einer Heimat für berufliche Sicherheit“.

Kein Zweifel: Reinfried Pohl hat diese Ziele erreicht. Das ist ihm auch deshalb gelungen, weil er eine Gabe besitzt, die vielen anderen Managern fehlt: Er spricht die Sprache seiner Mitarbeiter. Und er besitzt deren Vertrauen. Denn den meisten von ihnen hat er zu Arbeit und einem gewissen Wohlstand verholfen; nicht wenigen hat er es ermöglicht, das zu werden, was man landläufig „reich“ nennt. Wichtiger noch: Er hat ihnen nie mehr versprochen, als er halten konnte. Man kann es so sagen: Reinfried Pohl lebt für seine Idee, sein Unternehmen und seine Mitarbeiter. Aber er hat auch ein großes Herz für die, denen es nicht so gut geht oder die im Interesse der Gesellschaft eine besondere Förderung verdienen. So ist dieser große Unternehmer auch ein großer Mäzen und Wohltäter – auf dem Gebiet der Wissenschaften und insbesondere in der Medizin, aber auch für unverschuldet in Not geratene Menschen.

Reinfried Pohl, eine der großen unternehmerischen Persönlichkeiten der Bundesrepublik, hat auf öffentliche Anerkennung länger warten müssen als viele Manager, deren Erfolg nicht annähernd so groß ist wie ihr Ego. Aber er hat mit seiner Leistung immer mehr Zeitgenossen überzeugt. Inzwischen wird er im Inland wie im Ausland mit Ehren überhäuft. Selbst in den Medien wird er heute ungleich objektiver und damit positiver beurteilt als noch vor zwanzig Jahren.

Dieses Buch fasst zusammen, was Persönlichkeiten aus Politik, Wirtschaft und Gesellschaft im Laufe der Jahre über Reinfried Pohl gesagt haben. Außerdem zeigt es den Pionier-Unternehmer im Spiegel der Presse. So entsteht nicht nur ein facettenreiches Bild dieses außergewöhnlichen Mannes. Es ist auch eine Hommage an einen Mann, von dessen Sorte dieses Land mehr bräuchte.

Bad Homburg, im Februar 2008
Dr. Hugo Müller-Vogg

Reinfried Pohl im Urteil bedeutender Zeitgenossen

Stimmen aus der Wirtschaft

DR. ROLF-E. BREUER

Vorstandssprecher der Deutsche Bank AG von 1997 bis 2002; Aufsichtsratsvorsitzender der Deutsche Bank AG von 2002 bis 2006.

„Der Erfolg, Herr Dr. Pohl, hat Ihnen recht gegeben“

Liebe Kolleginnen und Kollegen, dies ist ein großer Tag. Ein großer Tag für mich persönlich. Und ich bin etwas verlegen angesichts der Verlesung der Zitate durch Herrn Dr. Pohl, die beweisen, dass ich schon vor Jahren einen ganz hohen Respekt, ja geradezu Bewunderung für die Leistungen der Familie Pohl und Ihrer aller, meine Damen und Herren, hatte und auch öffentlich geäußert habe. Verlegen deshalb, weil es den Anschein erweckt, als habe ich schon vor Jahren gewusst, geahnt, was sich einmal abspielen würde. Das habe ich nicht! Aber gewünscht habe ich es.

Was ist das Besondere des heutigen Tages? Ich meine, das Besondere ist, dass sich hier und heute zwei Nummer einsen im Finanzgewerbe in einer strategischen Partnerschaft zusammengefunden haben. Die DVAG, unbestritten Nummer eins als eigenständiger Finanzvertrieb, Vorreiter des Allfinanzgedankens seit Jahrzehnten. Prägung eines besonderen Bildes der Vermögensberatung. Prägung eines ganz speziellen Profils und Berufsbildes des Vermögensberaters. Förderung eines allgemeinen breiten Vermögensaufbaus für jedermann. Und ein Sinnbild für eine kompetente unabhängige Vertriebsorganisation.

Und auf der anderen Seite die Deutsche Bank. Nummer eins in der europäischen Bankenlandschaft. Nachdrücklich tätig in den Feldern

Asset-Management und dem Geschäft mit den privaten Kunden. Und erfolgreicher Produzent von Finanzprodukten, eben für diese Kundschaft. Innovativ, leistungsstark und, wie ich denke, die modernste Retail-Bank, mindestens in unserem Lande.

Da kommen zwei zusammen, die zusammengehören. Die gemeinsam Erstklassiges bieten können, Erstklassiges in der Produktion, im Vertrieb. Die damit der Idee des Vermögensaufbaus für alle und der Vermögensberatung individuell und maßgeschneidert noch etwas Zusätzliches bieten können. Ich bin fest davon überzeugt, eins und eins, in unserem Fall, macht mehr als zwei.

Das Besondere liegt darüber hinaus und zweitens im Vertrieb. Der mobile Vertrieb, Ihre unbestrittene Stärke, meine Damen und Herren. Stärke, die Sie zu Marktführern gemacht hat und die Urgrund Ihrer Erfolgsgeschichte ist. Und bei uns Deutsche Bank 24, der stationäre Vertrieb, auch erfolgreich, auch der modernste in diesem Lande, auch der Marktführer.

Was wir also hier geschaffen haben, ist die Kombination des stärksten mobilen mit dem stärksten stationären Vertrieb für den privaten Kunden in der Bundesrepublik und darüber hinaus. Und das ist das eigentlich Faszinierende an der Idee. (…)

Was hat mich an der DVAG seit jeher so interessiert? Was hat mir so viel Respekt abverlangt? Was hat in mir Wunschträume wach werden lassen? Ich glaube, das Wesentliche ist die Vision. Die Vision von Herrn Dr. Pohl, die dazu geführt hat, dass vor mehr als 25 Jahren diese Institution ins Leben gerufen und immer weiter kultiviert und weiterentwickelt wurde. Dazu gehörte Mut, denn damals war das kein Allgemeingut. Im Gegenteil. Dazu gehörte Kraft, durchzuhalten, auch wenn es Widerstände gab. Dazu gehörte Beharrlichkeit und der Glaube an eine Idee. Und dies hat, wie ich denke, die DVAG zu dem gemacht, was sie heute ist. Was Sie auszeichnet, meine Damen und Herren, ist etwas, das in der Beratung eine ganz entscheidende und immer wichtigere Rolle spielt, nämlich die Nähe zu Kunden. Menschen beraten Menschen, Menschen brauchen Menschen. Das ist das Motto. Und das ist auch das Geheimnis. (…)

Der Erfolg, Herr Dr. Pohl, hat Ihnen recht gegeben. Der Erfolg Ihrer aller, meine Damen und Herren, verdient hohen Respekt vor Ihrer Leistung. Die DVAG ist heute das, was man einen starken Player nennt. Ein starker Player, der keine Konkurrenz zu fürchten hat. Und dem es gelingt, Jahr für Jahr immer wieder neue, bessere Ergebnisse vorzulegen. Ihnen allen mein ganz hohes und ehrliches Kompliment.

Rede anlässlich der Bekanntgabe der Kooperation mit der Deutschen Vermögensberatung AG in der Jahrhunderthalle in Frankfurt-Höchst am 15. November 2001.

SERGIO BALBINOT

Vorstandsvorsitzender der Assicurazioni Generali, Triest, seit 2002.

„Eine der größten Persönlichkeiten Deutschlands“

Lieber Reinfried, ich kann mich noch ganz genau erinnern, als wir uns das erste Mal begegnet sind. Es war nachdem die Generali die Aachener-Münchener-Gruppe übernommen hatte. Und ich kann mich noch erinnern, als ich nach Hause ging nach dieser Begegnung: Ich war beeindruckt. Ich war beeindruckt von Deiner Familie. Eine Familie, wie wir in Italien eine Familie sehen: Vater, Mutter, Söhne, alle sind da, alle arbeiten mit. Jeder ist für den anderen da. Ich habe wirklich das Gefühl des Zusammenhaltes gespürt.

Und ich war beeindruckt von Deiner Unkompliziertheit. Ich kann mich noch erinnern. Ich habe gedacht, ich muss jetzt mit einer der größten Persönlichkeiten Deutschlands sprechen, einem Mann, der Geschichte geschrieben hat. Und dann bin ich gekommen, und Du bist auf mich mit ganz einfachen und klaren Worten und in einer netten Art zugegangen, und ich habe mich wirklich sofort bei der Deutschen Vermögensberatung zu Hause gefühlt.

Und zuletzt war ich beeindruckt von Deiner Vision. Wir haben lange gesprochen. Ich habe noch den Flieger verpasst. Wir haben über alles gesprochen, Politik und Wirtschaft. Aber vor allem über die Versicherung, unsere Gruppe, beide Gruppen. Was können wir noch besser machen?

Als ich nach Hause ging, wusste ich, dass das der Anfang für eine noch stärkere Zusammenarbeit zwischen der Deutschen Vermögensberatung und dieser neuen Generali war, die einfach dazu gekommen ist. Und dank Deiner Vision und der harten Arbeit von allen Mitarbeitern hast Du uns in die erste Liga gebracht.

Ansprache zur Feier des 30. Jubiläums der Deutschen Vermögensberatung AG in Valetta auf Malta am 19. September 2005.

„Die höchste Auszeichnung"

Verglichen mit dem Jahr 2002 verzeichneten die Ergebnisse einen starken Anstieg der Erträge und überschritten eindeutig sämtliche in unserem Strategieplan 2003 bis 2005 verankerten Ziele – und dies bereits im ersten Anwendungsjahr des Plans. Ein solches Ergebnis ist die höchste Auszeichnung für die von uns allen geleisteten Anstrengungen, wobei Sie, sehr geehrter Herr Dr. Pohl, an der Spitze Ihrer großen DVAG-Familie einen mehr als bedeutenden Beitrag geleistet haben.

Wie Sie wissen, stellt ja Deutschland mit seinem 24,4-prozentigen Anteil am Geschäftsvolumen einen unserer wichtigsten Hauptmärkte dar und spielt somit eine große Rolle in unserer Bilanz. In diesem Jahr nimmt die von Ihren Vermögensberatern erbrachte Arbeit für mich persönlich einen noch größeren Stellenwert ein, weil Ihre Leute es schafften, eine ungeheuer positive Leistung auch in einem so schwierigen wirtschaftlichen Umfeld, wie es im Moment in Deutschland vorherrscht, zu erbringen.

Da ich ganz am Anfang meiner Karriere im alemannischen Vertrieb tätig war, weiß ich sehr wohl, wie schwierig es ist, einen von der negativen Konjunktur angeschlagenen Kunden vom Vorsorgegedanken zu überzeugen und demnach Geld für seine Zukunft zu investieren. Dass Ihre Vermögensberater ihre Arbeit auf so tolle Weise verrichten, ist nur deshalb möglich, weil sie dem Kunden Vertrauen vermitteln. Wie wir alle wissen, entsteht dieses Gefühl nur auf einer soliden Grundlage von Fachwissen, Professionalität und Einfühlungsvermögen; Fähigkeiten, die Sie und Ihre Mannschaft Dritten vermitteln.

Schreiben vom 24. März 2004 anlässlich des erfolgreichen Geschäftsjahres 2003.

„Ein wirklicher Freund“

Solch ein Ehrentag verleitet sehr dazu, einen Blick in die Vergangenheit zu werfen, und das können Sie wirklich mit großer Genugtuung tun. Vor 25 Jahren haben Sie die damalige Allgemeine Vermögensberatung AG in Frankfurt am Main gegründet. Das war für Sie sicherlich keine einfache Entscheidung. Ich kann mir gut vorstellen, welche Zweifel Sie hatten, wo Sie doch in einem Alter, in dem viele Leute fast an die Rente denken, den Mut aufgebracht haben, ein neues Kapitel aufzuschlagen, um nochmals bei null anzufangen.

Nur zwei Dinge waren Ihnen sicher: die Schulden, die Sie machen mussten, um in dieses neue Business einzusteigen, und eine klare Vision, die niemand bis dahin hatte – das Allfinanzkonzept. Dank Ihres hohen Engagements und steten Einsatzes sowie dank der Unterstützung einer wunderbaren Familie konnten Sie Ihr Projekt in die Realität umsetzen und haben Ihre Gesellschaft im Laufe der Jahre mit Abstand zum bedeutendsten eigenständigen Allfinanz-Vertriebsunternehmen nicht nur in Europa, sondern auch auf der ganzen Welt gemacht. Ganz besonders freue ich mich, in Ihnen über den seriösen Geschäftsmann hinaus einen Menschen besonderer Werte kennengelernt zu haben – einen wirklichen Freund.

Gratulationsschreiben zum 25. Jubiläum der Deutschen Vermögensberatung AG vom 30. Juni 2000.

J. F. VOLRAD DENEKE († 2006)

Präsident des Bundesverbands der Freien Berufe von 1984 bis 1994; Ehrenpräsident von 1994 bis 2006.

„Eine einmalige berufsschöpferische Leistung“

Aufkommen und Entwicklung neuer Berufe vollziehen sich sozial- und wirtschaftsgeschichtlich nach bestimmten Mustern. Das gilt auch für neue Berufe persönlicher Dienstleistungen. Und immer wachsen neue Berufe nur auf dem Nährboden von Bedarf und Nachfrage unter den innovativen Bedingungen hinreichend beweglicher Rechtsordnungen und Wirtschaftsverfassungen, besonders lebhaft in liberalem Sozialklima.

Im Wesentlichen können drei Grundmuster für die Berufsindividuation unterschieden werden:

- Ein neuer Beruf entsteht als besondere, weiterführende Spezialisierung innerhalb eines bereits etablierten Feldes beruflicher Tätigkeiten und gliedert sich zu einem selbständigen Beruf aus.
- Ein neuer Beruf entsteht als Professionalisierung ursprünglich nicht professionalisierter menschlicher Tätigkeiten.
- Ein neuer Beruf bildet sich interdisziplinär in Randgebieten, Überlappungsfeldern und Brachland etablierter Berufsstände. (...)

Modernes Beispiel für das dritte Grundmuster einer Berufsindividuation ist problemkomplexe, ganzheitliche Beratung in Vermögensangelegenheiten und privater Vorsorge als ein eigener Beruf. Eine zweite Komponente des zweiten Grundmusters der Nachfrage nach persönlicher Beratungshilfe, wie sie sich an Freunde und ältere Familienangehörige wendet, schwingt dabei mit.

Für Aufkommen und Entwicklung eines eigenen Berufsbildes mit der Soll-Vorstellung „Vermögensberater" (...) kann (...) festgehalten werden, was in der Sozialgeschichte der Berufe nur selten nachweisbar ist: die initiative und gestaltende, gleichsam berufsschöpferische Tätigkeit eines Mannes. Nur selten kann – wie im Falle Reinfried Pohl für den Beruf des Vermögensberaters – in der berufskundlichen Historiographie eine innovative Rolle so eindeutig personifiziert werden. (...)

Die Konzeption dieser problemkomplexen Berufsindividuation ist interdisziplinär. Entsprechend interdisziplinär entwickelte sich der Beruf in Teilbereichen, Randgebieten, Überlappungsfeldern oder auf Brachland bereits etablierter Berufe. Der eine Ansatzpunkt war die Vermittlung von Versicherungsverträgen. Die entsprechende Beratung setzt Grundkenntnisse des Sozialversicherungswesens und des speziellen Steuerrechts voraus. Ein anderer Ansatzpunkt war die Sparförderung in allen ihren Sparten, die mit der Förderung des Bausparwesens hineinreicht in Fragen der Baufinanzierung und des Immobilienmarktes. Weiterer Ansatzpunkt war das Zusammentreffen der Bemühungen um die Volksaktie mit dem Aufklärungseffekt der spektakulären IOS-Werbung für den Investmentgedanken zur Beteiligung am Produktivkapital der Wirtschaft.

Alle Bestrebungen, problemkomplexe Vermögensberatung oder Finanzdienstleistungspaletten anzubieten und durchzuführen, waren bis dahin mit dem Blick auf eine Klientel erfolgt, die bereits über privates Vermögen verfügte oder relativ einkommensstark zu mehr oder weniger ansehnlicher Vermögensbildung fähig war. Die volkswirtschaftliche wie gesellschaftspolitische und berufsbildende Bedeutung der Gründung Reinfried Pohls besteht in der konsequenten Blickrichtung auf „den kleinen Mann" und die „Vermarktung" der staatlichen Sparförderung und Vermögenspolitik für die Masse der Arbeitnehmer durch eigens hierfür geschulte, ausgebildete und weiterzubildende, hauptberuflich tätige wirtschaftlich Selbständige.

Die Rolle Reinfried Pohls in der Entwicklung der Berufsindividuation spiegelt sich in dem Wandel der bevorzugten Begriffe von 1970, 1973 und 1976. Zunächst steht im Vordergrund der Begriff „Allfinanz", ein Begriff, der eher vom Angebot her kommt, als aus der Nachfrage artikuliert erscheint. Der Begriff „Bonnfinanz" charakterisiert die Anknüpfung an die staatliche Sparförderung und Vermögenspolitik. Die Berufsbezeichnung „Vermögensberater" programmiert das kundenorientierte Soll-Bild eines neuen Berufes, und die spätere Bezeichnung „Deutsche Vermögensberatung" für die Neugründung 1976 identifiziert dieses Soll-Bild eines neuen Berufes mit der Unternehmenskonzeption im Gleichklang mit der Berufsbezeichnung.

Aus: „Berufsbild des Vermögensberaters. Entwicklung, Bedeutung und Zukunftsaussichten in einem Aufstiegsberuf". Stuttgart 1988.

„Chance zur Selbständigkeit für Tausende von Menschen"

Was wohl das Wichtigste an Ihrem Lebenswerk ist: Sie haben einen neuen Berufsstand begründet, der vielen Tausenden von Menschen eine Chance zur Selbständigkeit gegeben hat – eine neue Chance zur Selbständigkeit, in der sich Fleiß, Initiative, Leistung und vor allen Dingen Hilfsbereitschaft auch lohnen.

Sie haben mit dem 60. Lebensjahr das Durchschnittsalter für den Rentenzugang in Deutschland längst hinter sich gebracht. Dieses durchschnittliche Rentenzugangsalter liegt jetzt bei etwas mehr als 58 Jahren, und Sie haben daher auch schon in Anspruch genommen Ihr persönliches Recht auf Arbeit, das auch ich für mich in Anspruch nehme, nämlich nach wie vor eine 60- bis 62-Stunden-Woche zu leben, wie wir das gelernt haben, als wir Lehrlinge waren. (…)

Wir dürfen feststellen, dass die intellektuell und künstlerisch Schaffenden, die beruflich und karitativ Engagierten, eine weit höhere Chance haben, bis ins hohe Alter lebendig zu bleiben, gerade weil ihr Leben Arbeit ist, während es ja schon manche 50-Jährige gibt, die noch gar nicht wissen, dass sie eigentlich schon tot sind. Wir wollen Ihnen also danken, dass Sie zu denjenigen gehören, die immer noch mehr arbeiten können, weil sie schon viel arbeiten, während denjenigen, die gar nichts tun, auch das schon zu viel ist.

Wir wollen Sie, lieber Herr Pohl, also in diesem Kreis noch sehr lange sehen. Unseren Dank, den Dank der Freien Berufe, möchte ich nun auch gegenständlich abstatten, indem ich Ihnen die Wilhelm-von-Humboldt-Plakette des Bundesverbandes der Freien Berufe überreiche. Sie ist aus Biskuit-Porzellan und zerbrechlich wie die Freiheit selbst.

Die Verbindung von Wilhelm von Humboldt zu den Freien Berufen und auch die Verbindung zu Ihnen, sehr verehrter, lieber Herr Pohl, darf mit einem geistigen Brückenschlag geschaffen werden. Es lohnt sich nämlich noch heute, die Staatsutopie Wilhelm von Humboldts zu lesen. Sie ist die entschiedenste Absage, die je formuliert wurde, an den Staat der Daseinsvorsorge. Sie ist das entschiedenste Eintreten für die Hilfe zur Selbsthilfe, die Sie, sehr verehrter, lieber Herr Pohl, gelebt haben und für die Sie einen ganzen Berufsstand gegründet haben. Der Staat sollte, so wollen wir hoffen, für die Hilfe zur Selbsthilfe, für die Vorsorge aus eigener Kraft, künftig auch nicht mehr bieten als den ordnungspolitischen Rahmen. Denn dort, wo der Staat mehr leistet, als den ordnungspolitischen Rahmen zu garantieren, dort nimmt er den Menschen ein Stück, sich selbst zu verwirklichen durch Leistung und Pflichterfüllung.

Ansprache anlässlich der Verleihung der Wilhelm-von-Humboldt-Plakette des Bundesverbands der Freien Berufe zum 60. Geburtstag Reinfried Pohls im Kempinski Hotel Gravenbruch am 26. April 1988.

PROF. DR. BERND FAHRHOLZ

Vorstandssprecher der Dresdner Bank AG von 2000 bis 2003.

„Bestens gerüstet für den Markt"

Heute, zum Beginn des 21. Jahrhunderts, haben wir es mit dem weltweit größten, eigenständigen, branchenunabhängigen Vermögensberatungsunternehmen zu tun. Der Erfolg zeigt, dass der Bedarf an individueller Vermögensberatung stetig zunimmt. Von Beginn an konzentrierte sich die Deutsche Vermögensberatung auf wenige leistungsstarke Partner. Sie hat nur Produkte solcher Unternehmen in ihr Angebot aufgenommen, die einer staatlichen Aufsicht unterliegen. Unter anderem dadurch hat sie sich deutlich vom „Grauen Kapitalmarkt" oder von der „Abschreibungsbranche" abgegrenzt.

Mit Ihrer Unternehmensstrategie und -philosophie ist die Gesellschaft bestens gerüstet für die weiter wachsenden Anforderungen des Marktes. Vor diesem Hintergrund freuen wir uns heute besonders, auf eine knapp 25-jährige Partnerschaft mit dem Geburtstagskind zurückblicken zu können.

Gratulation zum 25. Jubiläum der Deutschen Vermögensberatung AG, September 2000.

DR. HELMUT GIES

Vorstandsvorsitzender der Aachener und Münchener Beteiligungs AG von 1981 bis 1990.

„Unverwechselbare Handschrift“

Als ich Ihnen hier vor zwei Jahren die Grüße der Aachener-und-Münchener-Gruppe überbrachte, tat ich dies stellvertretend für all jene Gesellschaften, deren Produkte Sie vertreiben. Inzwischen bin ich Ihnen wesentlich näher gerückt, denn wie Sie alle wissen, hat die Holding der Gruppe jene 50 Prozent an der Deutsche Vermögensberatung Aktiengesellschaft übernommen, die von Gründung an bei der Aachener und Münchener Lebensversicherungsgesellschaft lagen. Wir haben uns im Einvernehmen mit Herrn Dr. Pohl zu diesem Schritt entschlossen, um der Bedeutung der Deutsche Vermögensberatung AG sichtbaren Ausdruck zu verleihen.

Sie hat heute ihren gleichberechtigten Platz neben den Versicherungen, neben den Banken und neben der Bausparkasse der Gruppe. Wenn ich Ihnen erkläre, dass es in Europa keine zweite Gesellschaft gibt, die einerseits so frei in ihren Aktivitäten, andererseits aber auch, wenn es einmal Not täte, so sicher eingebettet ist in einen großen Verbund, dann wird es gewiss auch Skeptiker geben, die das bezweifeln.

Erlauben Sie mir daher, die Richtigkeit dieser Behauptungen durch Erfolge zu beweisen, an denen wir alle beteiligt waren. Der große Lebensversicherer der Gruppe, die Aachener und Münchener Lebensversicherung in Aachen, hat inzwischen Rang Nummer 2 im Neugeschäft aller deutschen Lebensversicherer erreicht. (…) Die Central Krankenversicherung hat in 1989 ein Sechstel ihres in 40 Jahren aufgebauten Bestandes hinzugewonnen. Auch hier ein Ergebnis, das ohne Ihre Hilfe undenkbar gewesen wäre. Die Badenia Bausparkasse hat 1989 das beste Jahr in ihrer Geschichte verzeichnet. Ohne Sie, meine sehr verehrten Damen und Herren, wäre es ein ganz normales Jahr gewesen.

Der große Schaden- und Unfallversicherer der Gruppe, die Aachener und Münchener Versicherung Aktiengesellschaft, hat erstmals seit ihrer Ausgründung im Jahr 1979 ein hohes positives versicherungstechnisches Ergebnis erzielt. Auch sie ist in profitablen Versicherungszweigen überproportional gewachsen. Betrachten Sie in den Büchern die Erfolgsbilanz dieser Gesellschaft, so werden Sie auch dort die unverwechselbare Handschrift Ihres Unternehmens, der Deutschen Vermögensberatung, finden.

Rede beim Deutschlandtreffen der Deutschen Vermögensberatung AG in der Festhalle Frankfurt/Main am 24. Mai 1990.

„Herausforderung Europa"

Sie haben heute in der Festhalle zu Frankfurt einen Tag vor sich, wie er, so glaube ich, schöner nicht sein kann. Dieser Tag ist der Lohn für Leistungen, die im Jahr 1987 erbracht worden sind, von denen ich nur bestätigen kann, dass es einmalige Leistungen gewesen sind. Es kommt nicht von ungefähr, dass beispielsweise die Versicherer in unserer Gruppe überdurchschnittliche Marktanteile gewinnen konnten.

Sie waren es, meine Damen und Herren, die diesen Erfolg möglich gemacht haben. (...) 1992 – und was sind vier Jahre! – stehen wir vor der größten Herausforderung nach dem Zusammenbruch, den der Zweite Weltkrieg mit sich gebracht hat. Es gilt Europa zusammenzuschmieden, ein Europa, in dem die Dienstleistungsfreiheit Gesetz sein wird. Wir sind sicher, dass wir mit der Herausforderung des

Jahres 1992 fertig werden. Aber machen wir uns nichts vor, 1992 wird die Bundesrepublik Deutschland ein Teilmarkt in der Europäischen Gemeinschaft sein, und das ist die größte Chance für uns alle, in den kommenden Jahren noch so viel an Grund und Profil zu gewinnen, dass wir auch den Gedanken der Vermögensberatung dann hinaustragen können in ein freies Europa. Und ich bin sicher, dass unsere Ressourcen ausreichen werden und dass Sie Ihre Mobilität in einem größeren Ganzen genauso einzusetzen bereit sind, wie Sie es bisher in der Bundesrepublik getan haben.

Rede beim Deutschlandtreffen der Deutschen Vermögensberatung AG in der Festhalle Frankfurt/Main am 12. Mai 1988.

„Brücke der Generationen"

Wer Sie, Herr Dr. Pohl, wie ich im Kreis Ihrer besten Mitarbeiter immer wieder erleben konnte, bei Schulungsveranstaltungen, bei anspruchsvollen Seminaren, aber auch in festlichen Stunden, der weiß, dass Ihnen Pflicht zur Freude geworden ist und dass etwas von dieser Freude auch jene erfasst, die Sie in die Pflicht nehmen. Sie können heute auf ein bestelltes Haus blicken mit einem Partner an Ihrer Seite, der – soweit dies für juristische Personen überhaupt möglich ist – Ihnen aufrichtig zugetan ist und der mit Ihnen bereit ist, den Versuch zu wagen, das, was Sie auszeichnet, mit der nächsten Generation Pohl in der Gesellschaft zu verankern.

Dass hierzu auch wieder Mut gehört – Mut, Teile der Zügel für jüngere Hände vorzubereiten –, ist verständlich, aber von allem, was Dichter und Philosophen über Jugend und Alter zu sagen wussten, was sie von der den Lebenszyklen eigenen Verantwortung hielten, spricht mich am meisten jene Passage in den Briefen Goethes an

Eckermann an, die da lautet: „Der Mensch wird in seinen verschiedenen Lebensstufen wohl ein anderer, aber ich kann nicht sagen, dass er ein besserer werde, und er kann in gewissen Dingen so gut in seinem zwanzigsten Jahre recht haben als in seinem sechzigsten. Man sieht freilich die Welt anders in der Ebene, anders auf den Höhen des Vorgebirges und anders auf den Gletschern des Urgebirges. Man sieht auf dem einen Standpunkt ein Stück Welt mehr als auf dem anderen. Aber das ist auch alles, und man kann nicht sagen, dass man auf dem einen besser wäre und mehr recht hätte als auf dem anderen."

Jeder, der in der Verantwortung steht, weiß, dass dies mutige Worte sind, aber sie zeigen den einzig möglichen Weg des Brückenschlags zwischen den Generationen. Und dieses Brückenschlags bedarf es immer wieder aufs Neue in den Unternehmen, die eben weniger sterblich sind als wir selbst und deren Dauer und Fortbestand wir nicht zuletzt durch die richtige Auswahl unserer Nachfolger und das rechtzeitige Einbinden in die Pflicht selbst bestimmen.

Ansprache anlässlich des 60. Geburtstags von Reinfried Pohl
im Kempinski Hotel in Gravenbruch am 26. April 1988.

„Uneingeschränktes Vertrauen"

Sie, lieber Herr Dr. Pohl, haben mir, der ich in der Welt der Finanzen groß geworden war, als Erster die Welt des Vertriebs erschlossen. Es war eine Welt, die völlig anders strukturiert war als jene Vertriebsformen, mit denen ich im Assekuranzbereich bis dahin in Berührung gekommen war. Ich gestehe heute offen ein, dass ich von der ersten Stunde an fasziniert war, nicht allein von dem, was Sie vortrugen, sondern wie Sie Ihre ganze Persönlichkeit in den Dienst einer Sache stellten, von deren Richtigkeit Sie überzeugt waren.

Es war in der Anfangszeit ein sehr beschwerlicher Weg, den Sie gehen mussten, ein Weg, der oftmals so mit Hindernissen angefüllt wurde, dass für das sachbezogene Planen, das Ganze Fortentwickelnde kaum Zeit übrigblieb. (…) So galt es oftmals, auch Ihnen wieder jenes Ziel sichtbar werden zu lassen, um dessentwillen Sie und die Aachener und Münchener damals eine Partnerschaft eingegangen waren.

Schon damals, so darf ich sagen, gab es jenes Einvernehmen zwischen uns, jenes uneingeschränkte Vertrauen, das Sie zu mir führte, wenn Sie mit den vorsichtig Abwartenden, Zögernden, den Taktierern und den gar zu schnell ihr Misstrauen in die Zukunft bestätigt Findenden nicht mehr zurecht kamen. Wir haben dann gemeinsam die Verlässlichen von den weniger Verlässlichen getrennt.

Gruß zum 10. Jubiläum der Deutschen Vermögensberatung AG im Hotel Kempinski in Gravenbruch am 17. Mai 1986.

WILHELM HAMACHER

Aufsichtsratsvorsitzender der Deutschen Vermögensberatung AG von 1981 bis 1993.

„Ein besonderer Mann"

Es ist ein besonderer Mann, den wir ehren, und es ist ein besonderer Tag für ihn, seine Familie und uns als seine Gäste, den wir hier begehen. Wenn Sie, lieber Jubilar, heute die Schwelle zu den Sechzigern überschreiten, wird diese Zahl nicht zum Stillhaltepunkt oder gar zu einem erschrocknen Erkennen. Wer sich selbst treu bleibt, wird von den vollen Stunden seiner Lebensuhr nicht überrascht. Dennoch, für dieses Auditorium ist Ihr runder Geburtstag ein Anlass zum Feiern. Und so müssen Sie, lieber Herr Dr. Pohl, es sich gefallen lassen, dass Sie heute da stehen, wo Sie hingehören, nämlich im Mittelpunkt. (...)

Dieser Aufsichtsrat war viele Jahre Ihr Wegbegleiter und konnte in der ihm vorgegebenen Rolle mitwirken an der Gestaltung dieser über mehr als zehn Jahre unter Ihrer Führung so erfolgreich agierenden Gesellschaft. Hindernisse und Schwierigkeiten konnten Sie auf Ihrem steilen Weg des Erfolges nicht aufhalten, im Gegenteil. Aktionen des konkurrenzneidischen Umfelds gaben Ihnen zusätzlichen Auftrieb. Was Ihnen schaden sollte und als Störung Ihres unternehmerischen Wirkens ausgedacht und angelegt wurde, gab Ihnen immer wieder zusätzlichen Auftrieb und beflügelte Ihren kreativen Geist und gibt den Rotoren des Vertriebs zusätzliche Kraft und führt das Unternehmen dank des hoch zu lobenden Einsatzes Ihrer Vermögensberater zu ständig steigenden Erfolgen. (...)

Es ist in diesem Kreise hinreichend bekannt, welche Gewichtung der Mitwirkung Ihrer Familie und insbesondere der tatkräftigen Unterstützung Ihrer Arbeit durch Ihre verehrte Gattin beizumessen ist. Verehrte gnädige Frau, unserer Dankesschuld, an die wir uns an diesem Tag besonders nachdrücklich erinnern, erstreckt sich auf ein breites Spektrum, angefangen von klugen Hinweisen, Anraten zum Überdenken, Anmahnung zur Geduld und gelegentliches Deutlichmachen des Einfügens in das Unausweichliche bis hin zur persönlichen Mitwirkung an Veranstaltungen und wichtigen unternehmerischen Aktivitäten.

Deshalb gilt unser Dank heute in ganz besonderer Weise auch Ihnen, verehrte gnädige Frau, wohl wissend, wie sehr Sie meist im Hintergrund wirkend mit Geduld, viel Verständnis und Einfühlungsvermögen so manche Unannehmlichkeiten und Lasten auf sich genommen haben und dabei, unterstützt von Ihren ebenso erfolgreichen Söhnen, die Erfolgsskala der Gesellschaft unübersehbar mitfördern.

Ansprache zum 60. Geburtstag von Dr. Reinfried Pohl im Kempinski Hotel in Gravenbruch am 26. April 1988.

KARL-HEINZ HÜLSMANN

Vorstandsvorsitzender der BfG AG von 1997 bis 2000.

„Erfolg, Dynamik, Qualität"

Vor 25 Jahren hat Herr Dr. Pohl seine Vision von einer kundenzentrierten, branchenverknüpfenden Allfinanzberatung mit der Gründung der Deutschen Vermögensberatung Gestalt gegeben. Aus dieser Vision hat Herr Dr. Pohl ein Unternehmen geschaffen, das die deutsche Finanzdienstleistungswelt maßgeblich geprägt und in der Bevölkerung das Bewusstsein für die Erfordernisse privater Vorsorge geschärft hat. Ein Unternehmen, das durch herausragenden Erfolg, atemberaubende Dynamik und hohe Qualitätsansprüche nicht nur Standards setzt, sondern diese auch stetig steigert.

Ich freue mich, dass Herr Dr. Pohl für diese unternehmerische Pionierleistung ein hohes Maß an öffentlicher Anerkennung erfährt. Die BfG Bank AG ist stolz, die Deutsche Vermögensberatung seit 1988 auf ihrem Erfolgsweg zu begleiten. Die Deutsche Vermögensberatung ist nicht nur unser bedeutendster Vertriebspartner. Durch die langjährige Zusammenarbeit sind in allen Bereichen unserer Häuser Beziehungen zwischen Menschen entstanden, die aus einer Partnerschaft Freundschaft werden ließen.

Auf dieser wertvollen Basis können wir auch in Zukunft Erfolge gemeinsam aufbauen. (…) Mit einem Zitat von Victor Hugo, das mir im Zusammenhang mit diesem beispiellosen Unternehmen, dem Lebenswerk von Herrn Dr. Pohl, passend erscheint, möchte ich schließen: „Ein Traum ist unerlässlich, wenn man die Zukunft gestalten will."

Gratulation zum 25. Jubiläum der Deutschen Vermögensberatung AG, 2000.

DR. MICHAEL KALKA

Vorstandsvorsitzender der Aachener und Münchener Lebensversicherung und der Aachener und Münchener Versicherung von 1992 bis 2002.

„Der Erfolg ist grandios"

Mit Respekt und Bewunderung habe ich den konsequenten Auf- und Ausbau der Deutschen Vermögensberatung zum modernen und unübertroffen leistungsfähigsten Allfinanzunternehmen der Welt verfolgt. (…) Der geschäftliche Erfolg ist grandios.

Besonders anerkennen möchte ich aber den Einsatz von Herrn Dr. Pohl und seines Unternehmens für die private Altersvorsorge, die er frühzeitiger als andere als eine herausragende gesellschaftspolitische Verpflichtung erkannt und für die er überzeugende und leistungsfähige Konzepte auf der Basis individueller Kundenwünsche erarbeitet hat. Dabei hatte immer die Lebensversicherung als solide und attraktive Grundlage einer guten Altersversorgung zu Recht einen ganz besonderen Stellenwert, auch in Zeiten, in denen Börsenfieber leicht den Blick für solide oder fragwürdige Anlageentscheidungen trübte.

Besonders dankbar bin ich für die nunmehr 25-jährige enge und vertrauensvolle Partnerschaft der Deutschen Vermögensberatung mit den Aachener und Münchener Versicherungen. Der große Erfolg der AM-Versicherungen wäre ohne die innovativen Impulse der Deutschen Vermögensberatung bei der Entwicklung von Kundenangeboten und vor allem ohne deren unübertroffene Vertriebskraft nicht möglich.

Gratulation zum 25. Jubiläum
der Deutschen Vermögensberatung AG, 2000.

„Konkurrent Internet?“

Das Internet ist zweifellos ernst zu nehmen. Die Frage, ob ein Unternehmen dort schon präsent ist oder nicht, entscheidet inzwischen mit über das moderne Image. Die Internet-Präsenz ist eine Ergänzung der Imagebroschüren eines Unternehmens, viele Nutzer suchen gewiss auch sehr zielorientiert nach Informationen und Angeboten. Aber für Entscheidungen über Zukunftsfragen, die Absicherung gegen Berufsunfähigkeit und Arbeitslosigkeit, gegen Not im Alter und so weiter ist der Nutzwert dieses Mediums zu dünn.

Eine noch zentralere, mehr zukunftsweisende Bedeutung wird vielmehr die Allfinanz-Konzeption erlangen, die den sehr differenzierten Wünschen der einzelnen Bürger gerecht werden kann. In der Kombination eines breitgefächerten Produktangebots und einer kompetenten persönlichen Beratung ist sie unschlagbar. Für diese Revolution in der Finanzwelt steht Dr. Reinfried Pohl. (...) Heute wird Reinfried Pohl – der Vater der Allfinanz-Idee – ob seiner revolutionären Tat und der enormen Vertriebskraft der Deutschen Vermögensberatung gewürdigt, beneidet und umworben. Die Bankenwelt gibt sich Mühe, seine Konzeption zu kopieren.

Das Allfinanz-Konzept ist auch deshalb so modern und erfolgreich, weil es sehr schnell und intensiv zielgenau auf die unterschiedlichsten Wünsche der Kunden reagieren kann. Es bietet nämlich eine sehr breit gefasste Produktpalette aus einer Hand an, also nicht nur Lebensversicherungen unterschiedlicher Ausprägung und Bankprodukte, sondern auch Krankenversicherungen, Bausparverträge und Rechtsschutzversicherungen. Das heißt, kein Kunde muss mangels Masse enttäuscht werden. (...)

Das persönliche Beratungsgespräch in Kombination mit dem Allfinanz-Angebot ist ein Erfolgsmodell. Das hat Reinfried Pohl unter Beweis gestellt, der auf Fragen nach den Ursachen für diesen Erfolg manchmal antwortet, jeder Bankautomat sei ein Argument für sein

Konzept. Er meint damit den Verlust des unmittelbaren menschlichen Kontakts, der durch Technisierung und neue Medien erzwungen ist. Die Einrichtung von Kundencentern und anderen technischen Hilfsinstrumenten kann diesen Verlust nicht ausgleichen.

Aus: „Am Anfang unserer Zukunft. Weichenstellungen für das 21. Jahrhundert. Dr. Reinfried Pohl zum 70. Geburtstag", 1998.

„Erfolg als Ansporn"

Viele Mitarbeiterinnen und Mitarbeiter aus allen Ebenen der AM-Leben arbeiten gerne mit und für die DVAG. Aus zahlreichen Zusammenkünften, Arbeiten, Projekten entwickelten sich vielfältige Kontakte und wertvolle Freundschaften. Diese „soziale Komponente" wird von Außenstehenden oft übersehen. Wir halten diesen zwischenmenschlichen Aspekt für die Qualität der Arbeiten für sehr wichtig.

Hier sehen wir eine vorbildhafte Stärke der DVAG. Ob Wettbewerbs- oder Informationsveranstaltung, ob Schulung oder Produktvorstellung: Immer kommt die große Bedeutung der DVAG-Mitarbeiterinnen und -Mitarbeiter und deren Partner und Familien zum Ausdruck. Mit der Aussage „Die Gemeinschaft ist unsere Stärke" wird dies besonders deutlich betont.

Der DVAG-Erfolg ist auch unser Erfolg. Ein stabiler und erfolgreicher Partner spornt uns an, fordert uns heraus. Wir freuen uns, dass die DVAG unser Partner ist – und zwar nicht nur ein Vertriebspartner, sondern ein vertrauenswürdiger Partner in allen Belangen.

Gratulation zum 20. Jubiläum der Deutschen Vermögensberatung AG, 1995.

„Das Finanzwesen in Deutschland beeinflusst"

Der Bundesverband Deutscher Vermögensberater hat durch seinen Gründer und Präsidenten Dr. Reinfried Pohl die Entwicklung des Finanzwesens in Deutschland maßgeblich beeinflusst. Dass die Allfinanzidee heute als zukunftsorientierte Konzeption gilt, ist seiner Ideenkraft und seinem Durchsetzungsvermögen zu verdanken.

Unser Unternehmen hat die Entwicklung und den überragenden Erfolg dieser neuen Konzeption aus nächster Nähe verfolgen können. Der Bundesverband hat in den zwei Jahrzehnten seines Bestehens einen großen Einfluss auf das Berufsbild „Vermögensberater" genommen. Dies sowohl im Hinblick auf die Qualifizierung des Vermögensberaters als auch für das Ansehen des Berufsstandes in der Öffentlichkeit.

Immer wieder muss bewusst gemacht werden, welche Bedeutung die Qualität in der Beratung sowohl für den langfristigen persönlichen Erfolg als auch als Beitrag für das Ansehen des Berufsstandes hat. Nicht zuletzt in diesem Sinne möge der Bundesverband Deutscher Vermögensberater als die führende berufsständische Vereinigung noch viele Jahre in gleicher Weise erfolgreich wirken.

Grußwort zum 20. Jubiläum des Bundesverbands Deutscher Vermögensberater in der Jahrhunderthalle in Frankfurt/Main am 29. Juni 1993.

DR. WOLFGANG KASKE

Aufsichtsratsvorsitzender der AMB Aachener und Münchener Beteiligungs-AG seit 1998; von 1992 bis 1997 Vorstandsvorsitzender der AMB Aachener und MünchenerBeteiligungs-AG.

„Ein partnerschaftliches Miteinander"

Ich lernte Reinfried Pohl kennen, als ich den Kooperationsvertrag der Central Krankenversicherung mit der Bonnfinanz, deren damaliger Chef er war, vereinbarte. Aus dieser ersten Erfahrung heraus hat sich dann in den späteren Jahren ein enges partnerschaftliches Miteinander zwischen der AachenMünchener-Gruppe – dem heutigen AMB-Generali-Konzern – und der Deutschen Vermögensberatung entwickelt.

Am Anfang der Partnerschaft galt es, enorme Schwierigkeiten zu überwinden, vor allem im Verständnis füreinander. Zu unterschiedlich waren die Denkweisen und die Erwartungen beider Seiten. Nicht nur bei den Verantwortlichen an der Spitze, sondern vor allem in den nachgeordneten Bereichen, in denen die Zusammenarbeit bewältigt werden musste, war ein generelles Umdenken erforderlich.

Das klassische Denkmuster, wonach jede Produktsparte versucht, ein eigenes Geschäft so gut als eben möglich zu entwickeln und im Markt zu positionieren, war im Hinblick auf diesen neuen Vertriebspartner überholt. Der Versicherungsmarkt war zu diesem Zeitpunkt noch gut abgeschottet und traditionell organisiert. Vertrieb fand durch den Ein-Firmen-Vertreter und vielfach durch angestellte Mitarbeiter statt.

Das von Reinfried Pohl erfundene Allfinanz-Konzept war revolutionär und stieß auf breites Misstrauen. Er entwickelte seine Strategie aus der Bedarfssituation des Kunden und hatte erkannt, dass es in Zukunft weniger um den Produktverkauf als um das Angebot einer Dienstleistung gehen würde. Nur so konnte er sich vom Markt abheben und unverwechselbar werden.

Die Bündelung von Wissen im Bank-, Bauspar- und Versicherungsbereich in der Person des Verkäufers war für ihn die Lösung. Er schuf das Berufsbild des Vermögensberaters nach dem Vorbild des Steuerberaters oder Rechtsanwalts.

Reinfried Pohl wusste auch um das besondere Vertrauensverhältnis zwischen Kunden und Vermögensberater, wenn es um die persönlichsten finanziellen Angelegenheiten geht. Er führte zum Vergleich immer wieder den Beruf des Arztes an, um die Tätigkeit des Vermögensberaters zu beschreiben. Der Hausarzt mit seiner Fähigkeit, praktische Hilfe zu erteilen und bei Bedarf den Spezialisten hinzuzuziehen, war Vorbild für sein Allfinanz-Konzept. (…)

Sicherlich sind wir alle fasziniert von den unternehmerischen Fähigkeiten von Dr. Reinfried Pohl, seiner Kreativität, seinem Fachwissen, seiner unermesslichen Vertriebserfahrung, seiner Kunst, Menschen zu gewinnen, seinem Durchsetzungsvermögen, seiner Überzeugungskraft. Doch ich bewundere an ihm am meisten seinen unzerstörbaren Lebenswillen, seinen unbedingten Mut, nie aufzugeben.

Gratulation zum 30-jährigen Jubiläum der Deutschen Vermögensberatung AG, 2005.

„Bewunderung und Respekt"

Sehr geehrter, lieber Herr Pohl, liebe Familie Pohl! Durch Ihren vor gut 25 Jahren gefassten und mutig umgesetzten Entschluss, die Allgemeine Vermögensberatung zu gründen und damit das Fundament für die seit vielen Jahren einmalige Rekordergebnisse erzielende Deutsche Vermögensberatung zu legen, haben Sie nicht nur visionäres Unternehmertum vorgelebt, sondern auch Maßstäbe für die deutsche Finanzgeschichte gesetzt.

Deshalb ist es uns heute ein ganz besonderes Anliegen, Ihnen und Ihrer verehrten Frau sowie Ihren beiden Söhnen herzlich zu gratulieren. Es gibt keinen Unternehmer in Deutschland, der sich mit Ihnen und Ihrer so absolut erfolgreichen Arbeit vergleichen könnte. Unsere Unternehmen und wir selbst, die Sie als Partner begleiten dürfen, bewundern mit größtem Respekt Ihren konsequenten Auf- und Ausbau der Deutschen Vermögensberatung zum größten und modernsten Allfinanz-Unternehmen der Welt.

Maßstäbe, wie gesagt, haben Sie in vielfältiger Weise gesetzt, und dies gilt auch für die praktische, nach vorn gerichtete konzeptionelle Arbeit heute. Am Anfang stand Ihre einmalige Idee der Allfinanz-Konzeption. Die Tatsache, dass Sie der Begründer dieser modernen, übergreifenden Philosophie sind, wird von niemandem bestritten. Auch nicht von denen, die Sie heute gern kopieren möchten. Aber, und dies ist ebenso wichtig, Sie haben Ihre Ideen mit bewundernswerter Kraft und Energie umgesetzt, allen Widerständen zum Trotz.

Nur Sie selbst und Ihre verehrte Frau wissen, welcher Einsatz rund um die Uhr Ihnen dafür abverlangt wurde. Wir wissen aus Gesprächen mit Ihnen, dass Sie zu permanenter Höchstleistung gezwungen waren. Andere hätten diese Herkulesarbeit nicht vollbringen können. Nicht nur unbestritten, sondern in höchstem Maße anerkannt ist außerdem die Tatsache, dass Sie immer an der Spitze marschierten, wenn es darum ging, mit neuen, leistungsfähigen, flexiblen Kundenangeboten

Trendsetter für die gesamte Branche zu sein, aus dem Wissen heraus, dass die Wettbewerbsfähigkeit immer neue Anstrengungen verlangt.

Und früher als alle anderen haben Sie erkannt und Ihre Geschäftsstrategie darauf ausgerichtet, dass die private Altersversorgung zu einer gesellschaftspolitischen Aufgabe ersten Ranges wird. Die Entwicklung bis in diese Tage hinein hat Sie auch hier eindrucksvoll bestätigt. Die grandiosen Geschäftsergebnisse der Deutschen Vermögensberatung AG, der Erfolg Ihrer unternehmerischen Weitsicht und aktuellen Anstrengung ist die Basis für die Größe und Stärke auch der Aachener und Münchener Versicherungen. Beide Unternehmen haben in den 25 Jahren der erfolgreichen Partnerschaft eine vorher für undenkbar gehaltene Entwicklung genommen.

Von Dr. Kaske und weiteren acht Führungskräften unterzeichnetes Schreiben der Aachener und Münchener Versicherungen an Reinfried Pohl und Familie zum 25. Jubiläum der Deutschen Vermögensberatung AG im Jahr 2000.

„Der Erfolg einer Idee"

Im Umgang mit Negativerlebnissen ist Reinfried Pohl gewachsen. Jede Niederlage war ihm eine nutzbringende Erfahrung, die ihn noch erfolgreicher gemacht hat. Er erlebte aus nächster Nähe mit, wie die kriminelle Energie einiger weniger eine der erfolgreichsten Investmentgesellschaften der Welt in den Ruin trieb und Millionen von Anlegern um ihr Erspartes brachte. Schließlich meisterte er 1975 den schwierigen Übergang vom Gründer und Vorstand der Bonnfinanz in die unternehmerische Selbständigkeit.

Damals war er immerhin schon 47 Jahre alt. Mit einem Startkapital von 100 000 Mark legte er den Grundstein für seine Deutsche Vermögensberatung, deren Grundkapital heute 100 Millionen Mark beträgt. Es war nicht die Position des Etablierten, aus der er das unternehmerische Wagnis einging. Vielmehr waren es der Glaube an die eigenen Fähigkeiten und der Drang zur unternehmerischen Freiheit, die ihm die Kraft und den Mut für diesen Schritt gaben.

Die schmerzlichen Narben seiner beruflichen Vergangenheit saßen tief. Reinfried Pohl wollte sein eigener Herr sein, seine eigenen Ideen verwirklichen und selbst für Erfolg und Misserfolg geradestehen. (…)

Reinfried Pohl hat die Bedeutung des Lebenspartners und der Familie für den beruflichen Erfolg früh erkannt. Die Schulungs- und Ausbildungszentren der Deutschen Vermögensberatung sind aus diesem Grund auch Stätten der Begegnung für die Familien.

Den Wert einer harmonischen Beziehung hat er stets betont und dabei aus eigener guter Erfahrung gesprochen. Seine Frau steht seit fast vierzig Jahren an seiner Seite. Sie hat alle Höhen und Tiefen seiner beruflichen Karriere miterlebt und ihm das notwendige Verständnis entgegengebracht. Sie hat ihn unterstützt, wann immer es möglich war. Für sie ist es selbstverständlich, ihren Mann bei seinen vielen Wochenendveranstaltungen zu begleiten. Damit war und ist sie ein großes Vorbild.

Seine Erfahrung hat Reinfried Pohl bereits frühzeitig an seine beiden Söhne weitergegeben und sie damit zu einem festen Bestandteil seines unternehmerischen Konzepts gemacht. Sie führen das Unternehmen mit ihm gemeinsam und gewähren damit die Sicherheit für die Fortführung seines Lebenswerks. Auch in dieser Frage hat er einmal mehr seinen Weitblick unter Beweis gestellt.

Zum 70. Geburtstag von Dr. Reinfried Pohl am 26. April 1998.

BARBARA A. KNOFLACH

Geschäftsführerin BfG ImmoInvest seit 1999.

„Kompetente Vermögensberater"

In den letzten 25 Jahren ist es der Deutschen Vermögensberatung AG nicht nur gelungen, die Nummer 1 im Allfinanzbereich zu werden, sondern auch, sich seit Jahren in dieser Position unangefochten zu behaupten. (…) Unsere Vertriebskooperation besteht seit 1989 und hat sich in dieser Zeit zu einer wichtigen Säule für den Erfolg unseres offenen Immobilienfonds ImmoInvest entwickelt: ganz besonders durch die Kompetenz der Vermögensberaterinnen und Vermögensberater.

Bei den Schulungsveranstaltungen in den einzelnen Direktionen haben wir motivierte und engagierte Mitarbeiterinnen und Mitarbeiter kennengelernt. Dabei sind auch viele persönliche Kontakte entstanden, die die intensive Bindung zu Ihrer Gesellschaft verstärken. Gerade vor dem Hintergrund der aktuellen Entwicklungen in der deutschen Bankenlandschaft und des Internets sehen wir für die Deutsche Vermögensberatung AG mit ihrem Fokus auf branchenneutrale Beratung und persönliche Betreuung der Kunden zukünftig erhebliche Wettbewerbsvorteile.

Schreiben anlässlich des 25. Jubiläums der Deutschen Vermögensberatung AG im Jahr 2000.

MARTIN KOHLHAUSSEN

Aufsichtsratsvorsitzender der Commerzbank AG seit 2001, Vorstandsvorsitzender von 1991 bis 2001.

„Mit Kompetenz und Dynamik“

Sie überblicken heute einen weiten zeit- und wirtschaftsgeschichtlichen Abschnitt, den Sie erlebt und in Ihrem unternehmerischen Wirkungskreis mitgestaltet haben. Sicherlich gehen Ihre Gedanken auf den damaligen Beginn zurück und durchmessen noch einmal die Wegstrecke voller Erfahrungen und Erfolge. Mit Kompetenz und Dynamik haben Sie die Konzepte Ihres Hauses in die Tat umgesetzt und damit nachhaltig zu seiner bedeutenden Entwicklung beigetragen.

Die Deutsche Vermögensberatung AG agiert weltweit als Nummer 1 unter den branchenübergreifenden Finanzvertrieben. Wir gratulieren Ihnen zu dieser Bilanz, die Sie heute ziehen können. „Vermögensberatung“ wird auch künftig ein zentrales Thema sein und uns alle vor neue Herausforderungen stellen. Vor dem Hintergrund Ihrer breiten Erfahrung sind wir sicher, dass Ihr Haus seinen Erfolgskurs auch weiterhin fortsetzen wird. Unsere besten Wünsche begleiten Sie dabei.

Gratulationsschreiben zum 25. Jubiläum der Deutschen Vermögensberatung AG vom 5. September 2000.

JOACHIM MÄDLER

Vorstandsmitglied der Dresdner Bank AG von 2000 bis 2002.

„Ein umsichtiger Weichensteller"

Im Alter von 25 Jahren steht ein Mensch eigentlich noch nicht in der vollen Blüte seines Lebens. Gerade erst zeigen sich seine beruflichen und privaten Perspektiven, und er stellt die Weichen für seine Zukunft. Für Ihr Unternehmen, das in diesen Tagen ein Vierteljahrhundert besteht, muss man diese „menschliche" Sicht der Dinge etwas nuancieren. Die Deutsche Vermögensberatung steht mittlerweile zweifelsohne in ihrer vollen Blüte, hat ausgezeichnete Perspektiven, und – das ist wohl der gravierendste Unterschied zu einem 25-jährigen Menschen – die Weichen in die Zukunft sind seit vielen Jahren schon, dank eines umsichtigen „Weichenstellers", in die richtige Richtung gestellt.

Lieber Herr Dr. Pohl, zum 25-jährigen Bestehen Ihres jungen und dennoch seit vielen Jahren erwachsenen Unternehmens darf ich Ihnen meine herzlichsten Glückwünsche aussprechen. Sie haben es in den zurückliegenden Jahren in bewundernswerter Weise verstanden, die Deutsche Vermögensberatung an die Spitze der Allfinanz in Deutschland zu führen, dort nachhaltig zu etablieren und dabei sogar in vielen entscheidenden Entwicklungen den Takt vorgegeben. In diesem Sinne begleite ich das Jubiläum der Deutschen Vermögensberatung mit Freude und mit Stolz auf einen leistungsfähigen und zukunftsträchtigen Partner; immerhin zählt unsere Bank seit den Anfängen zu den Wegbegleitern Ihres Hauses und ist deshalb in ganz besonderem Maße mit seiner Entwicklung verbunden. (…)

Meine Gratulation und mein Respekt gelten Ihnen persönlich und Ihrer herausragenden unternehmerischen Leistung, aber besonders Ihrer Familie, vor allem Ihrer verehrten Gattin, die Ihre Arbeit aktiv unterstützt und somit ganz gewiss einen zentralen Erfolgsfaktor darstellt. Mit Stolz können Sie auch auf Ihre beiden Söhne blicken, die sich erfolgreich in Ihrem Unternehmen einbringen – ein besonderer Glücksfall, um den Sie viele Unternehmer beneiden.

Schreiben zum 25. Jubiläum der
Deutschen Vermögensberatung AG vom August 2000.

HEINZ-JÖRG PLATZEK

Vorstandsmitglied der Dresdner Bank AG bis 1999.

„Kompetente, seriöse, individuelle Beratung"

Als die Deutsche Vermögensberatung AG am 1. Juli 1975 ihren Geschäftsbetrieb aufnahm, befand sie sich in einem schwierigen Umfeldszenario. Vorausgegangen waren der Zusammenbruch des Bretton-Woods-Abkommens 1973 und der Ölpreisschock 1973/74. Die Bundesrepublik steckte 1975 in einer tiefen Rezession, die erst im Laufe des Jahres 1976 überwunden wurde. Das Investmentfondsgeschäft litt immer noch unter den Folgen der schwachen Entwicklung der Kapitalmärkte.

Der Begriff „Allfinanz" war im deutschen Finanzdienstleistungsmarkt weitgehend unbekannt. Die Banken legten in dieser Zeit den Schwerpunkt der Produktentwicklung auf innovative Sparformen wie abgezinste Sparbriefe. Die Lebensversicherung als Instrument der privaten Risiko- und Altersvorsorge gewann zunehmend an Bedeutung.

Trotz dieser turbulenten Entwicklungen ging der Gründer der DVAG, Dr. jur. Reinfried Pohl, ein enormes unternehmerisches Risiko ein. Mit dem Ziel, breiten Bevölkerungsschichten die Anfang der siebziger Jahre ausgeweiteten staatlichen Förderungsmaßnahmen für die Vermögensbildung zugänglich zu machen, baute Dr. Pohl bundesweit ein Netzwerk von „Vermögensberatern" auf, die kompetent, seriös und individuell private Kunden beraten. Von Anfang an beschränkte er sich nicht auf die Vermittlung von Bankprodukten, sondern er hatte frühzeitig die Vorteile eines Allfinanzangebotes erkannt und die bis dato übliche Trennung von Bank- und Versicherungsdienstleistungen aufgehoben.

Als Partner für die Bereitstellung von Finanzdienstleistungen hatte Dr. Pohl namhafte, kompetente und leistungsfähige Banken und Versicherungsgesellschaften ausgewählt, mit denen die DVAG bis heute überaus erfolgreich zusammenarbeitet. (...) Die sich sehr erfolgreich entwickelnde Verbindung intensivierte der Dresdner-Bank-Konzern 1986. Die zu diesem Zeitpunkt schon seit zehn Jahren bestehende Kooperationsvereinbarung wurde beträchtlich erweitert. (...)

Rückblickend sind wir mit den Leistungen der DVAG und ihrer Mitarbeiter sowohl hinsichtlich der Quantität der zugeführten Volumina als auch in Bezug auf die Qualität hochzufrieden. Wir nehmen mit Stolz zur Kenntnis, dass unser Kooperationspartner DVAG – wie schon in den Jahren zuvor – auch 1994 Marktführer war.

Gratulation zum 20. Jubiläum der
Deutschen Vermögensberatung AG im Juli 1995.

DR. WOLFGANG RÖLLER

Ehrenvorsitzender des Aufsichtsrats der Dresdner Bank AG; Vorstandsvorsitzender der Dresdner Bank AG von 1985 bis 1993.

„Mit Erfahrung und Weitblick"

Lieber Herr Dr. Pohl, über die offiziellen Glückwünsche unseres Hauses hinaus möchte ich Ihnen auch ganz persönlich und herzlich zum 25-jährigen Jubiläum der Deutschen Vermögensberatung AG gratulieren. Dabei greife ich auf eine Einsicht von Aristoteles zurück: „Es gibt zwei Dinge, auf denen das Wohlgelingen in allen Verhältnissen beruht. Das eine ist, dass Zweck und Ziel der Tätigkeit richtig bestimmt sind. Das andere aber besteht darin, die zu diesem Endziel führenden Handlungen zu finden."

Als Initiator haben Sie mit Erfahrung und unternehmerischem Weitblick den kontinuierlichen Wachstumsweg Ihres Unternehmens geprägt. Was dieser einzigartige Erfolg in der heutigen schnelllebigen Zeit – gerade für Finanzdienstleister – bedeutet, wissen wir beide sehr gut. Ich wünsche Ihnen, lieber Herr Pohl, dass Sie am heutigen Tage durch den Rückblick auf das Erreichte gleichzeitig neue Kraft und Impulse für die Zukunft schöpfen.

Gratulationsschreiben zum 25. Jubiläum der Deutschen Vermögensberatung AG vom 1. Juli 2000.

KURT H. VIERMETZ

Aufsichtsratsvorsitzender der Deutschen Börse AG, Frankfurt, und der Hypo Real Estate Holding AG, München. Bis 1999 Vice Chairman JP Morgan & Co., New York.

„Reinfried Pohl hat das Beste aus den Welten der Banken und der Versicherungen miteinander verbunden“

Es ist erfrischend zu lesen, mit welchem Ethos, mit welchem Engagement, mit welchem Auf und Ab und mit welchem Erfolg am Ende Reinfried Pohl als typischer deutscher Unternehmer tätig war. Das macht das aus, was man im Ausland an Deutschland immer geschätzt hat. Pohl macht deutlich, dass Deutschland gar nicht so schlecht ist. Wenn es noch mehr solche Männer und Unternehmer seines Schlages gibt, dann sollte uns nicht so bange um die Zukunft unseres Landes sein. (…)

Reinfried Pohl ist der stolze Erfinder der Allfinanz-Idee, die in den letzten Jahren weltweit Schlagzeilen gemacht hat. Es ist die Idee, dem Kunden Bank- und Versicherungsprodukte unter einem Dach anzubieten! Er sagt es selbst sehr anschaulich: „Bei den Banken muss man von Produkt zu Produkt, von Abteilung zu Abteilung wandern. Mein Mitarbeiter, den ich Vermögensberater nenne, offeriert dem Kunden alles ‚aus einem Kopf – in einer Hand‘.“ Das macht Sinn, viele dieser Produkte sind ja Substitute. Für die Altersvorsorge kann ich entweder eine Lebensversicherung oder einen Fonds-Sparplan abschließen oder beides miteinander kombinieren. Wenn ich also beide Produkte von einem Berater angeboten erhalte, kann ich vergleichen und mich am Ende richtig entscheiden.

Insofern ist die Allfinanz-Idee richtig. In Deutschland hat sich die Allianz die Dresdner Bank einverleibt, in Holland ist die ING-Gruppe ein typisches Allfinanz-Institut, in Belgien die Fortis-Gruppe, und in Amerika gab es die Liaison zwischen Travellers und Citigroup. Manche dieser Zusammenschlüsse waren erfolgreich, manche waren es weniger.

Insgesamt ist aber die ursprüngliche Euphorie über das Allfinanz-Konzept inzwischen etwas abgeebbt. Nicht alle Blütenträume sind gereift. Warum? Das Buch [„Reinfried Pohl: ‚Ich habe Finanzgeschichte geschrieben'"] gibt dem aufmerksamen Leser indirekte Antworten. Die erste behandelt unterschiedliche Kulturen. Ein Banker ist eigentlich Optimist. Wenn man jemandem einen Kredit oder eine Aktie oder einen Fonds verkaufen will, muss man die Zukunft positiv sehen und auf die Chancen abstellen. Man muss beim Kunden die Phantasie wecken, wie sich der Markt positiv entwickeln kann und was der Kunde alles verdienen kann. Wer dagegen eine Versicherungspolice verkaufen will, braucht eine ganz andere „Denke". Er spielt eher die pessimistische Karte. Er muss dem Kunden deutlich machen, was alles in der Welt passieren kann und wie wichtig es ist, sich dagegen zu schützen oder sich darauf vorzubereiten.

Das sind zwei ganz unterschiedliche Mentalitäten, die hier aufeinanderprallen. Hinzu kommt noch, dass sich Banker häufig als etwas „Besseres" gefühlt haben. Sie verkaufen keine Kredite, sondern sie „gewähren" sie. Sie gingen nicht zum Kunden, sondern warteten, bis der Kunde in die Bank kam. Die Versicherungen waren dagegen immer mehr marketingorientiert. Sie verlassen sich auf den Außendienst und gehen zum Kunden hin. Diese unterschiedlichen Kulturen haben oft nicht zusammengepasst, und was noch schlimmer ist: Der Kunde hat es gemerkt. Das hat vielfach zum Scheitern der an sich vernünftigen Allfinanz-Idee beigetragen.

Reinfried Pohl hat es mit seiner Vermögensberatung geschafft, diese beiden Kulturen erfolgreich miteinander zu verbinden. Er hat es geschafft, aus beiden Welten das Beste zu nehmen und es zu kombinieren. Von der Versicherung übernahm er den Außendienst. Von den Banken übernahm er die vornehme Zurückhaltung in der Beratung. Ich fand es bemerkenswert, mit welcher Offenheit er in dem Buch schildert, dass er bei seinem ersten Kundengespräch nie einen Abschluss im Kopf hatte. Er wollte erst das Vertrauen des Kunden gewinnen. Er wollte nicht in den Geruch des „Drückers" kommen. (…)

Er konzentriert den Vertrieb der DVAG nur auf den Retail-Markt. Er hat nichts mit den Institutionals am Hut – er umgeht geschickt die darin liegenden vielfältigen Konflikte, mit denen gerade die großen Banken immer wieder zu kämpfen haben. Er selbst hat es einfach gesagt: „Zum Erfolg gehört, dass ich manches nicht gemacht habe, was andere gemacht haben!"

Konservativ gilt heute vielfach als abwertend. Modern muss man sein, jung und dynamisch, um in der Gesellschaft etwas zu gelten, oder zumindest in den deutschen Medien! Das ist umso erstaunlicher, als die Gesellschaft insgesamt ja immer älter und damit auch immer konservativer wird. Reinfried Pohl macht aus seinem Konservativismus keinen Hehl. Er hat klare Werte, an denen er sein Verhalten orientiert. Er ist dynamisch, bleibt aber gleichwohl immer mit beiden Füßen auf dem Boden.

Reinfried Pohl ist auch ein Gentleman, wenn er über Freunde spricht, die in der Öffentlichkeit nicht immer ein gutes Image hatten. So über Erich Mende, zu dem er auch in den Zeiten hielt, in denen Mende in der Öffentlichkeit wegen seiner Tätigkeit für Cornfeld diskreditiert wurde. Oder über Helmut Kohl, als dieser dafür kritisiert wurde, dass er sein Ehrenwort in der Spendenaffäre nicht brach. Reinfried Pohl spricht im Übrigen in höchsten Tönen über Helmut Kohl. Das verbindet Reinfried Pohl und mich. Wir beide sind große Bewunderer der Person Helmut Kohls und natürlich auch seines Lebenswerks. (…)

Zu seiner konservativen Grundhaltung gehört auch das Arbeitsethos, das Reinfried Pohl an den Tag legt. Er spricht freundlich, aber doch mit ein wenig Unverständnis über Mitarbeiter seines Unternehmens, die „nicht bereit sind, über das 65. Lebensjahr hinaus mit voller Kraft tätig zu sein". Und von sich selbst meint er – vergessen wir nicht, dass er inzwischen das „zarte" Alter von 76 Jahren erreicht hat: „Die Indianer wählten nicht ohne Grund immer die Ältesten, Erfahrensten zu ihren Häuptlingen. Es gibt niemanden, der eine so große, in 50 Jahren erworbene Vertriebserfahrung hat wie ich, und diese möchte ich schon noch einige Zeit weitergeben."

Wenn alle so dächten und handelten wie er, dann hätte die Bundesrepublik heute keine demographischen Probleme, und die Rentenversicherung würde Überschüsse erzielen.

Rede bei der Präsentation des Buches „Reinfried Pohl: ‚Ich habe Finanzgeschichte geschrieben'" am 18. Mai 2005 in Frankfurt/Main.

MICHAEL WESTKAMP

Vorstandsvorsitzender der AachenMünchener seit 2003.

„Die Menschen glauben an Professor Pohl und sein Konzept"

Das zurückliegende Jahr wird als ein neues, herausragendes Kapitel in die Geschichte der Deutschen Vermögensberatung und der AachenMünchener eingehen und in späteren Zeiten gewiss auch Historiker beschäftigen, weil wir gemeinsam mit der Neuausrichtung unserer Vertriebe einen einzigartigen Weg eingeschlagen und damit neue Maßstäbe für die ganze Finanzbranche gesetzt haben. Am Ende, so heißt es, zählt eben nur der Erfolg, und es spricht wirklich alles dafür, dass auch die Erfolgsgeschichte, die unsere über Jahrzehnte dauernde Partnerschaft auszeichnet, mit der Begründung der Allfinanz eine weitere, große Bestätigung erfahren wird. Schon das bisher Erreichte ist sensationell.

Mehr als andere wissen Sie, lieber Herr Dr. Pohl, wie viel Energie und Geschicklichkeit, psychologisches Einfühlungsvermögen und sachliche Aufklärungsarbeit investiert werden mussten, um diesem überragenden Erfolg den Weg zu ebnen und ihn schließlich auch in Zahlen sichtbar zu machen. Am Aufbau der Gesellschaft und der Schaffung der rechtlichen, organisatorischen und auch technischen Voraussetzungen haben viele Menschen auf beiden Seiten intensiv und äußerst engagiert mitgeholfen. Aber der am Ende überwältigende Zuspruch unserer Vermittler zu der neuen Welt der Allfinanz Deutsche Vermögensberatung ist in erster Linie ein ganz persönliches Verdienst von Ihnen und Ihrer Familie.

Ihre einzigartige unternehmerische Lebensleistung, Ihr hohes fachliches Ansehen und Ihre außergewöhnliche Integrationskraft waren hierfür die entscheidenden Faktoren. An Sie und Ihr Konzept glauben die Menschen. Sie und Ihre Familie sind ihr Orientierungspunkt. Sie haben mit Ihnen eine Unternehmerfamilie kennen- und schätzen gelernt, die ihnen freundlich und offen begegnet, für die Wertschätzung von Leistungen und auch die Fürsorge für Menschen zu den Grundlagen ihrer Arbeit gehören. (…)

Wir, die wir mit unseren Mitteln und Möglichkeiten diesen Weg in die Allfinanz begleitet haben (...) möchten Ihnen, lieber Herr Dr. Pohl, von Herzen für Ihren Einsatz und Ihre unternehmerische Weitsicht danken. Denn mit dieser Weichenstellung haben wir nicht nur die Grundlagen für eine Fortsetzung des gemeinsamen Erfolgs verbreitert, sondern durch die Exklusivität der Zusammenarbeit zugleich in einer turbulenten Welt die Eigenständigkeit der AachenMünchener bewahrt. Auch dieses Ergebnis kann nicht hoch genug eingeschätzt werden.

Der Weg von den ersten sondierenden Gesprächen (...) bis zur Realisierung unseres Vorhabens war schwierig und von der Notwendigkeit begleitet, unzählige Details zu regeln oder zu beachten. Aber es hat sich wirklich gelohnt, und die Früchte daraus werden wir in den vor uns liegenden Jahren ernten.

Bei diesem überragenden Thema, das uns gefordert und auch viele Ressourcen gebunden hat, ist es geradezu sensationell, dass auch 2007 ein Rekordjahr für die Deutsche Vermögensberatung geworden ist. Sie erreichen Umsatzerlöse von einer Milliarde Euro! Zugleich zeigen die Schlagzeilen dieser Tage, dass ein Mitbewerber mit seinem Geschäftsmodell gescheitert ist. Damit haben Sie, lieber Herr Dr. Pohl, Ihr Ziel erreicht: Wenn in Deutschland jemand über Vermögensberatung spricht, dann meint er uns, dann kommt er nicht an uns vorbei!

Wir alle wissen aber auch, dass dieser überragende Erfolg und die künftige Rollenverteilung in unserer strategischen Partnerschaft Erwartungen weckt und uns zusätzlich Energie und Kreativität abverlangen wird. Unser gemeinsames, gutes Gespräch vor wenigen Tagen bei Ihnen in Marburg hat gezeigt, dass wir in vertrauensvollen Gesprächen in der Lage sind, uns neuen Herausforderungen zu stellen.

Ihnen, lieber Herr Dr. Pohl, und Ihrer Familie danken wir von Herzen für Ihre ganz außergewöhnliche unternehmerische Spitzenleistung, für Ihre strategische Weitsicht und die vertrauensvolle Zusammenarbeit.

Von Michael Westkamp und seinen Vorstandskollegen
Johannes Booms, Walter Lex, Thomas Sänger und Manfred Schell
unterzeichnetes Schreiben, Dezember 2007.

Reinfried Pohl im Urteil bedeutender Zeitgenossen

Stimmen aus der Politik

DR. HELMUT KOHL

Bundeskanzler von 1982 bis 1998; Bundesvorsitzender der CDU von 1973 bis 1998; Vorsitzender des Beirats der Deutschen Vermögensberatung AG seit 2000.

„Zahlreiche Ehrungen für ein überragendes Lebenswerk"

Unser Land lebt davon, dass sich Menschen für das Allgemeinwohl engagieren. Zu denen, die dies weit über das übliche Maß hinaus tun, gehört mein Freund Professor Dr. Reinfried Pohl. Er ist Gründer und Vorstandsvorsitzender der Deutschen Vermögensberatung AG, des weltweit größten eigenständigen Finanzvertriebs. Er ist damit ein äußerst erfolgreicher und zukunftsorientierter Unternehmer. Aber er ist auch Mäzen und Visionär, der weit über seine Heimatstadt Marburg hinaus Großes bewirkt hat. (…)

Im Laufe der Jahre sind Professor Dr. Reinfried Pohl bereits zahlreiche Ehrungen für sein überragendes Lebenswerk zuteil geworden. So ist er Ehrensenator der Philipps-Universität Marburg und Ehrendoktor ihrer Fachbereiche Rechtswissenschaften und Medizin. Die Stadt Marburg, die ihm eine neue Heimat wurde, zeichnete Professor Dr. Reinfried Pohl mit der Ehrenbürgerwürde aus. Der Bundespräsident würdigte vor allem seine unternehmerischen Leistungen mit dem Großen Bundesverdienstkreuz mit Stern. Für seine besonderen Verdienste in den Bereichen Forschung und Wissenschaft verlieh ihm das Land Hessen den Ehrentitel „Professor".

Diese hohen Ehrungen sind ein weiterer Höhepunkt im Leben dieser bedeutenden Unternehmerpersönlichkeit. Ich freue mich sehr über die große Anerkennung für einen Menschen, der Herausragendes geleistet hat. Professor Dr. Reinfried Pohl hat nicht nur Finanzgeschichte, sondern auch Marburger Stadtgeschichte geschrieben.

Aus: „Ehrungen", Frankfurt 2007.

„Das ist unser Mann!"

Da steht ein Mann, dem viele Tausende vertrauen. Sie sind davon überzeugt: Das ist unser Mann! Sie tun dies nicht nur aus wirtschaftlichen Gründen, sondern vor allem auch, weil sie merken, dass Du jemand bist, auf den sie setzen können, dass Du ein Stück ihrer eigenen Identität und Existenz verkörperst.

Auf Deinem Lebensweg gab es natürlich auch viele missmutige Zeitgenossen. Ich will sie jetzt nicht aufzählen. Aber zum „kapitalistischen" Zeitalter gehört eben auch, dass Neid ein wichtiges Instrument des Gegeneinanders ist. Doch Du hast Dich nicht beirren lassen, sondern bist Deinen Weg weitergegangen.

Es ist auch richtig gesagt worden: Wenn Du, liebe Anneliese, nicht mit der selbstverständlichen Unentwegtheit Deines Herzens, mit Deiner Liebe und Zuneigung zu Deinem Mann diesen Weg mitgegangen wärst, dann hätte er diesen Weg so nicht gehen können.

Lieber Reinfried, so wie Du jetzt dort sitzt und Annelieses Hand hältst, wirkst Du nicht etwa wie ein Achtzehnjähriger, der frisch verliebt ist, sondern wie ein lebenserfahrener Mann, der einen langen Weg mit seiner Frau gegangen ist und der sehr genau weiß: Wir gehören zusammen! Ohne unser Zusammensein wären wir diesen Weg nicht gegangen!

Dass Du heute bei Deiner Dankesrede einen Moment stocktest, war das Allerschönste. In Deutschland sagt man oft, Männer dürften nicht gerührt sein. Ich habe diese irrige Auffassung nie vertreten. Warum sollen Männer nicht gerührt sein, wenn eine wichtige Sache ihnen ans Herz geht? Dass Dir diese Stunde ans Herz geht, das hat man zu Recht bei Dir gemerkt. (…)

Und eines scheint mir sehr wichtig zu sein. Du hast das Wort des von mir besonders geschätzten Religionsphilosophen Romano Guardini verinnerlicht: Dankbarkeit ist die Erinnerung des Herzens. Und auch die Gäste hier im Saal, die ja nicht nur von Amts wegen hier waren, haben auf ihre Weise diesen Satz in Dein Leben übersetzt.

Tischrede anlässlich der Verleihung der Ehrenbürgerwürde der Stadt Marburg am 15. Dezember 2006 beim anschließenden Empfang im „Villa Vita Hotel Rosenpark" in Marburg.

„Es wurde ihm nichts geschenkt"

Reinfried Pohl hat 1973 den Bundesverband Deutscher Vermögensberater in Frankfurt gegründet. Er hat ganz wesentlich die Entwicklung des Berufsstands geprägt. Es war seine großartige Idee, den Kunden aus einer Hand alle notwendigen Informationen und Angebote für ihre finanziellen Belange zu liefern. (…)

Wer die Geschichte dieser Jahrzehnte verfolgt, weiß, mit wie viel Spott und Hohn Reinfried Pohl und alle, die mitgeholfen haben, verfolgt wurden. Diejenigen, die sich jetzt in den Frankfurter Banktürmen darum bemühen, um bei Ihnen Partner zu sein, die haben damals die Welt noch ganz anders gesehen. Es ist tröstlich, dass sich eine so gute Idee überzeugend durchgesetzt hat. Bei der Vermögensberatung wird ja keine Vermögensverwaltung betrieben, sondern es wird versucht, Vermögensaufbau und Vermögenssicherung für breite Schichten der Bevölkerung zu ermöglichen. Damit ist eine ganz wichtige gesellschaftspolitische Frage angesprochen. (…)

Was für ein Mensch, was für ein Mann ist Reinfried Pohl? Er ist geprägt von der ernsten und auch bitteren Erfahrung seiner Jugendzeit. Es wurde ihm nichts geschenkt. Und das merken Sie; bei allem, was er tut, wissen Sie, das ist keiner, der im Fernsehen auftritt und mit eiskalter Stimme verkündet, dass, um den Wert der Aktie zu verbessern, man jetzt bestimmte Dinge machen muss, etwa, dass viele Leute entlassen werden. Es gibt ja durchaus Situationen im Leben von Reinfried Pohl, in denen es keineswegs sicher war, dass das alles gutgeht. Die Haie waren schon rund ums Aquarium versammelt: Wann wird er scheitern?

Er hat Ideen gehabt, er hat sie immer noch. Er gehört zu denen, die vielen Jungen ein Beispiel geben können, dass man nicht im Schlaf die Zukunft erreicht, sondern dass man gut ausgeschlafen sein muss, um etwas zu erreichen. Er hat immer nach neuen Wegen gesucht, und er hat es in einer sehr eigenen Weise kämpferisch getan. (…)

Ludwig Erhards Idee der Sozialen Marktwirtschaft war immer eine Idee, dass möglichst viele Menschen die Möglichkeit haben, sich als Freie in einem freien Land ein Stück Vermögen, ein Stück Lebenssicherung aufzubauen. Und dabei helfen Sie, das ist eine ganz wichtige Aufgabe.

Wenn ich an meine Studienzeit mit Beginn 1950 zurückdenke, da war es noch selbstverständlich, dass man von drei Gruppen der Generationen ausging. Der Gruppe der Kinder und der Jungen, die in der Ausbildung waren; der mittleren Generation, die diese Ausbildung finanziert hat, aber im Ertragsleben stand, und der Gruppe der Älteren. Heutige Akademiker starten durchschnittlich mit 28 Jahren in ihren

Beruf. Sie rechnen damit, etwa mit 62 in den Ruhestand zu gehen. Die mittlere statistische Lebenserwartung des Mannes liegt bei 75, die der Frau bei fast 80 Jahren. Es bleibt also das Zwischenstück von 28 bis 62 Jahren, um für den Ertrag zu arbeiten.

Wenn Sie das nachrechnen, wird klar, dass diese Rechnung in unserer Volkswirtschaft und in unserer Gesellschaft nicht mehr aufgehen kann. Das heißt, die Notwendigkeit und die Klugheit, selbst etwas zu tun, ist einfach zwingend. Da liegt Ihre Chance, weil möglichst viele begreifen sollten: Man kann nicht einfach in den Tag hinein leben.

Ansprache zur Feier des 30. Jubiläums des Bundesverbands Deutscher Vermögensberater und aus Anlass des 75. Geburtstags von Dr. Reinfried Pohl in der Jahrhunderthalle Frankfurt/Main am 6. Mai 2003.

„Ein stolzes Lebenswerk"

Lieber Herr Dr. Pohl, in diesen Wochen jährt sich zum 25. Mal der Tag, an dem Sie in Frankfurt die Allgemeine Vermögensberatung GmbH gegründet haben. Ich nehme dies gern zum Anlass, Ihre großartige unternehmerische Leistung zu würdigen. Sie können heute auf ein Lebenswerk zurückblicken, das Sie zu Recht mit Stolz erfüllen kann.

Mit unternehmerischem Wagemut und visionärem, von großer Menschlichkeit geprägtem Engagement ist es Ihnen gemeinsam mit Ihrer Frau und Ihren Söhnen gelungen, die Deutsche Vermögensberatung AG mit fast 25 000 Mitarbeitern zu einem der heute bedeutendsten Finanzdienstleister in Deutschland aufzubauen. Dankbar erinnere ich mich daran, dass Sie Ihr unternehmerisches Wirken sehr bald nach der Deutschen Einheit auf die neuen Bundesländer ausgedehnt haben und damit einen wichtigen Beitrag zum Zusammenwachsen unseres Vaterlandes geleistet haben.

Gratulation an den Vorsitzenden des Vorstands der Deutschen Vermögensberatung AG in Frankfurt zum 25. Jubiläum; Berlin, 23. August 2000.

„Dem Land dienen"

Ich bin gerne heute hierher gekommen. Aus der persönlichen Verbundenheit zu Ihnen, Herr Dr. Pohl, Ihrer Familie und vor allem auch zu dem Unternehmen, das ich ja in diesen Jahrzehnten sozusagen aus der Nähe miterlebte und mit begleitet habe.

Aber ich bin vor allem auch hierher gekommen, weil wir in Erfurt sind. Für mich ist jeder Tag, an dem ich aus der Luft vom Hubschrauber aus oder mit dem Auto die alte Demarkationslinie überschreite zwischen West und Ost, ein Tag der Freude und der größten Genugtuung. (...) Ich war hier an jenem völlig unvergesslichen Tag, im Februar sind es zehn Jahre her, als man etwas erlebt hat, was die Menschen bewegte: Deutschland einig Vaterland.

Sie haben unternehmerischen Erfolg immer wieder genutzt, um soziale, gesellschaftspolitische Verpflichtungen wahrzunehmen. In diesem Sinne sind Sie Bürger unseres Landes. Sie haben es getan aus einer patriotischen Überzeugung, die nichts mit Enge zu tun hat, aber sehr wohl mit dem, wie es mir einmal ein Amerikaner sagte: Ich war und bin erfolgreich, und dass ich so erfolgreich sein kann, verdanke ich meinem Land, und deswegen will ich meinem Land dienen.

Rede beim Herbstfest der Deutschen Vermögensberatung AG in Erfurt am 28. November 1999.

„Ein Patriot"

Mein Wunsch ist ganz einfach: Machen Sie weiter so wie bisher, bleiben Sie so, wie Sie sind, und das ist ein gutes Beispiel eines Patrioten, der mitten in Deutschland, mitten in der Welt lebt; der weiß, was er dem Vaterland schuldig ist, aber auch, was er selbst mit auf den Weg bringen kann.

Gratulation an Dr. Reinfried Pohl zum 70. Geburtstag am 26. April 1998.

„Am richtigen Platz"

Lieber Herr Pohl, Sie haben vor 20 Jahren hier in Frankfurt den Grundstein für die Deutsche Vermögensberatung gelegt. Das zeigt schon unternehmerisches Gespür. Sie sind nicht an irgendeinen Platz gegangen, sondern nach Frankfurt – der Stadt des Schwerpunkts der deutschen Finanzentwicklung und der Banken; wie einer mal geschrieben hat: der Hauptstadt des Geldes. Das ist der Finanzplatz Nummer 1 in Deutschland, das ist der Sitz des europäischen Währungsinstituts und der künftigen Europäischen Zentralbank. Das heißt also: Sie sitzen ganz richtig, am richtigen Platz – und das ist gut so.

20 Jahre, meine Damen und Herren, sind im Leben eines Volkes und sind auch bei der durchschnittlichen Lebenserwartung des Mannes jetzt in Deutschland von über 70 Jahren noch keine lange Zeit. Aber diese 20 Jahre Ihrer Arbeit, Herr Dr. Pohl, haben es in sich. Sie sind angetreten mit einer Idee. Sie haben Mitstreiter gefunden, nicht zuletzt in Ihrer Gattin, und Sie haben sich durchgesetzt. Sie haben von den Neidern gesprochen, von denen, die jetzt sagen: „Ein großartiger Mann, der Pohl", die aber noch vor 20 Jahren ganz anders von ihm

geredet haben. Und Sie haben davon gesprochen, dass man in guten Tagen viele Freunde hat, in weniger guten Tagen weniger gute Freunde. Dann sind wir sozusagen Kollegen in der Lebenserfahrung.

Aber Sie haben sich durchgesetzt mit einem innovativen Konzept der Anlagenberatung. Sie haben den Markt richtig eingeschätzt, und Sie haben vor allem eines auch immer behalten, das konnte man jede Minute bei Ihrer Rede spüren: den Sinn und die Offenheit für Menschen und die Begegnung mit Menschen. Und ich bin zutiefst davon überzeugt, ich beziehe mich auf eine Bemerkung, die Sie eben machten, dass trotz moderner Computertechnik und Datenbanken und der großen, vielgefeierten Informationsautobahn diejenigen recht behalten, die nicht nur mit dem Fax miteinander verkehren, sondern die ganz einfach ein Urerlebnis des Menschen nicht vergessen, dass man miteinander redet, und das ist ein Stück Geheimnis Ihres Erfolges.

Das Beispiel Ihrer Arbeit zeigt eindrucksvoll eine neue Idee. Neue Ideen haben viele. Sie führen dann zum Erfolg, wenn sie beharrlich mit Mut und mit Stehvermögen konsequent umgesetzt werden. Und Sie haben ja hier eine stolze Bilanz aufgemacht, und ich bin ganz und gar sicher, wenn Sie nach diesen Denkmustern, nach diesem Kompass – ich sag's viel einfacher – auch in die Zukunft gehen, werden Sie auch weiterhin einen großen Erfolg haben.

Sie haben zu Recht Ihre Mitarbeiterinnen und Mitarbeiter angesprochen. Wer in diesem Saal ist, kann es spüren, dass das, was Sie an Wir-Gefühl ernten, auch für den ökonomisch-wirtschaftlichen Erfolg von größter Bedeutung ist. Man muss nicht moderne Betriebspsychologie studiert haben, das muss man sozusagen in der Hand haben, ein Händchen dafür haben, man muss es umsetzen. Und so könnte der eine oder andere, der in den Vorstandsetagen großer deutscher Unternehmen ganze Kurse inszeniert, vielleicht auch gelegentlich selbst besucht, heute früh eine Anleihe nehmen, wie man's macht.

Das ist ein guter Tag für Ihr Unternehmen, und ich wünsche Ihnen viel Glück für die kommenden Jahrzehnte. In fünf Jahren bricht ein neues Jahrhundert, ja ein neues Jahrtausend an. Ich hoffe, dass sich Ihre Idee, die zutiefst ja auch die Idee der Sozialen Marktwirtschaft – der besten Gesellschaftsform, die es je gegeben hat – entspricht, für die Zukunft gut weiterentwickelt, weil sich eben hier Vorausschau, Mut, Leistungswillen und auch das menschliche Miteinander in einer glücklichen Weise verbinden. (…)

Die Frage ist, ob unsere Gesellschaft solche, die sich etwas zutrauen, die auch etwas mehr tun – die nicht sagen, ich sitz' meinen Arbeitsvertrag ab, und damit hat es sich –, eigentlich hinreichend unterstützt. Oder ich sag's einfach einmal an einem Beispiel: Ob in unserer Gesellschaft jene ermutigt werden, die sich selbständig machen.

Ein Mann wie Dr. Pohl hätte leicht mit seinen Begabungen eine Nische finden können und wäre jetzt Ruheständler. Er hat sich damit eben nicht zufriedengegeben. Er ist aufgebrochen zum Wagnis, zum Abenteuer eines unternehmerischen Lebens. Von solchen Männern und Frauen lebt die Zukunft unseres Landes.

Rede zur Feier des 20. Jubiläums der Deutschen Vermögensberatung AG in der Festhalle in Frankfurt/Main am 1. Juli 1995.

FRIEDRICH BOHL

Bundesminister für besondere Aufgaben und Chef des Bundeskanzleramts von 1991 bis 1998.

„Sie können auf Ihren Chef stolz sein“

Ich glaube, dass das, was Sie leisten, natürlich zu einem Großteil für Ihr eigenes und persönliches und berufliches Fortkommen wichtig ist, aber natürlich darüber hinaus der Deutschen Vermögensberatung dient, letztlich unserer gesamten Volkswirtschaft. Sie leisten einen wichtigen Beitrag dafür, dass Vorsorge möglich ist in unserem Land und Volk, was nun einmal auch in der modernen Zeit geboten ist, um Stabilität und Sicherheit zu haben. Und deshalb sollten Sie sich bei Ihrer täglichen Arbeit, dem täglichen Mühen bewusst sein, dass Sie nicht nur für sich stehen und für die Deutsche Vermögensberatung, sondern für das Wohl unseres ganzen Landes.

Deshalb möchte ich für diesen engagierten Einsatz, den Sie immer wieder leisten, tagtäglich in vielen Gesprächen erbringen, herzlich danken, und da stellvertretend den Chef Ihres Unternehmens, Herrn Dr. Pohl, besonders beglückwünschen und bedanken. Denn er ist ja letztlich der Motor dieses Unternehmens, der in besonderer Weise sich auch gesellschaftlich engagiert, sozial verantwortlich handelt. Und ich finde, Sie können auf Ihren Chef stolz sein: dass er so erfolgreich dieses Unternehmen leitet.

Rede anlässlich der Vermögensberater-Tagung in Hofheim-Diedenbergen am 16. November 1997.

UDO CORTS

Wissenschaftsminister des Landes Hessen von 2003 bis 2008.

„Sie, Herr Dr. Pohl, sind ein Citoyen!"

Mit der Ehrenprofessur will das Land nicht eine Einzeltat, eine Unterstützung im Einzelfall auszeichnen, sondern eine Haltung, gewissermaßen die Wahrnehmung der Mitbürgerschaft. Es passt meines Erachtens kein Wort besser als der französische Ausdruck: Sie, Herr Dr. Pohl, sind ein Citoyen! Sie nehmen Verpflichtungen und Aufgaben wahr und sehen sich dabei auch als Mäzen.

Das können Sie alles nur leisten, weil Sie gleichzeitig ein erfolgreicher Unternehmer sind. Indem die Landesregierung Ihnen diesen Ehrentitel verleiht, will sie sagen: Sie sind für uns alle auch ein Vorbild. Der Ehrentitel kommt zu Ihrem Doktortitel als Bestandteil des Namens hinzu und signalisiert, wenn ich das so salopp formulieren darf, in diesem Sinne eine „Marke": Professor Dr. Reinfried Pohl.

Ihr Wirken ist vielfach ausgezeichnet worden, unter anderem durch den Bundespräsidenten mit dem Bundesverdienstkreuz in verschiedenen Stufen – zuletzt mit dem großen Bundesverdienstkreuz mit Stern – und mit vielen weiteren, internationalen Ehrungen. Die Universität Marburg hat Sie ausgezeichnet als Ehrensenator und mit Ehrendoktorwürden der Rechtswissenschaften und der Medizin. Die Dekane beider Fachbereiche haben sich darüber hinaus auch eingesetzt, Ihnen die Ehrenprofessur des Landes zu verleihen. Alle diese Auszeichnungen vervollständigen das Bild Ihrer Persönlichkeit jenseits biographischer Daten und Fakten.

Reinfried Pohl ist ein Mann mit Ideen und Visionen. Aber er wusste von Anfang an, dass er ohne gute und motivierte Mitarbeiter nicht viel erreichen kann. So lud er im Juni 1976, ein Jahr nach dem Start seines jungen Unternehmens, die 200 erfolgreichsten Mitarbeiter zum ersten „Fest der Gewinner" ein. Es sollten noch viele Gewinner-Feste folgen.

Reden des „Doktors" bilden bei Veranstaltungen der Deutschen Vermögensberatung AG – hier beim zehnjährigen Jubiläum 1985 – stets den Höhepunkt. Das hat einen einfachen Grund: Reinfried Pohl spricht die Sprache seiner Vermögensberater, besitzt deren Vertrauen und hat ihnen nie mehr versprochen, als er halten konnte.

Als Reinfried Pohl 1988 seinen 60. Geburtstag feierte, brachte der hessische Ministerpräsident Dr. Walter Wallmann ein besonderes Geschenk mit: das Bundesverdienstkreuz am Bande. Wallmann würdigte den Ausgezeichneten so: Er habe nicht nur aus seinem Leben etwas gemacht, sondern auch für viele andere etwas geleistet. „Diesen Menschen haben Sie damit auch ein Stück privaten Glücks geschenkt“, sagte Wallmann.

Der wirtschaftliche Erfolg kam schnell; die öffentliche Anerkennung ließ dagegen auf sich warten. Doch 1991 erklärte die Finanzzeitschrift „Cash“ Reinfried Pohl zum „Man of the Decade“, zum „Mann des Jahrzehnts“. Die Begründung fasste die Redaktion in einem Satz zusammen: „Der Mann, der Allfinanz erfunden hat“. Kürzer geht's nicht – treffender auch nicht!

Das Feriendorf Pannonia in Österreich ist das Herzstück der Schulungs- und Begegnungsstätten der Deutschen Vermögensberatung AG. Hierher lädt Reinfried Pohl gerne auch prominente Besucher ein. 1996 kam es so zu einem inoffiziellen deutsch-österreichischen Gipfel mit den Kanzlern Dr. Helmut Kohl und Dr. Franz Vranitzky (rechts neben Reinfried Pohl).

Eine Ehrung, der noch viele andere folgen sollten: Bundeskanzler Helmut Kohl überreicht im Juni 1993 Reinfried Pohl das Bundesverdienstkreuz Erster Klasse. Der „Kanzler der Einheit" ehrt damit den Finanzmarkt-Pionier, aber zugleich auch den großzügigen Förderer und Mäzen. „Der Doktor" nimmt diese Auszeichnung „stellvertretend für alle Mitarbeiter" entgegen. Das ist bis heute seine Maxime: „Immer wenn ich geehrt werde, werden auch meine Mitarbeiter geehrt."

„Spuren Ihrer Tätigkeit finden wir in vielen Bereichen", schrieb Bundeskanzler Helmut Kohl zum 70. Geburtstag im April 1998. Und: „Ihr soziales Engagement ist beispielhaft zu nennen." Noch im selben Jahr zeichnete Bundespräsident Roman Herzog den Unternehmer und Mäzen Reinfried Pohl mit dem „Großen Verdienstkreuz des Verdienstordens der Bundesrepublik Deutschland" aus. Der Kanzler ließ es sich nicht nehmen, diese hohe Auszeichnung seinem Freund Pohl persönlich zu überreichen.

Zwei Männer auf der Erfolgsspur: Reinfried Pohl und die DVAG – die Nr. 1 der eigenständigen Finanzvertriebe – gratulieren Erfolgstrainer Otto Rehhagel und dem 1. FC Kaiserslautern zur Deutschen Fußballmeisterschaft 1998. Dieser Titelgewinn freut Kaiserslautern-Fan Pohl besonders: Schließlich sind die „Roten Teufel" Werbepartner der Deutschen Vermögensberatung AG.

Mit Zahlen können beide umgehen, Bundesfinanzminister Theo Waigel und Reinfried Pohl. Beim 70. Geburtstag Reinfried Pohls im Jahr 1998 machte Waigel scherzhaft auf einen kleinen, entscheidenden Unterschied aufmerksam: Er müsse das Geld in mittelalterlicher Manier eintreiben, während die Anleger es Dr. Pohl und der Deutschen Vermögensberatung gerne anvertrauten.

An der Universität Marburg nahm Reinfried Pohl 1948 sein Jura-Studium auf. 50 Jahre später ernannte die Hochschule ihn zum Ehrensenator. Der Wirtschaftswissenschaftler Professor Dr. Erich Priewasser (links) bezeichnete den Geehrten als den „erfolgreichsten Unternehmer, der in den letzten 50 Jahren aus dieser Universität hervorgegangen ist."

Mit „Vila Vita Parc“ und „Vila Vita Village“ hat Reinfried Pohl an der portugiesischen Algarve ein Paradies geschaffen – ein Fünf-Sterne-Hotel samt einer nur seinen Vermögensberatern vorbehaltenen Bungalow-Anlage. Diese großzügige Hotelanlage der Spitzenklasse hat den Tourismus und die Wirtschaft dieser Region sehr beflügelt. Portugals Staatspräsident Dr. Jorge Sampaio bedankte sich 1998 bei dem deutschen „Freund der Portugiesen“ mit dem Großkreuz des portugiesischen Verdienstordens.

Ein Meilenstein in der Geschichte der Deutschen Vermögensberatung: Im November 2001 beginnen „zwei Einsen im Finanzgewerbe" – die Deutsche Bank und die Deutsche Vermögensberatung – ihre strategische Partnerschaft. Die DVAG wird zum „mobilen Vertrieb" der Deutschen Bank. Vorstandschef Rolf Breuer (links) freut sich mit dem Ehepaar Pohl über diesen „Coup" – und den Beginn einer erfolgreichen Zusammenarbeit.

25 Jahre Deutsche Vermögensberatung AG im Jahr 2000: 15 000 Vermögensberater feiern in der „Kölnarena" ihren „Doktor", der ihnen den Weg zum Erfolg gewiesen hat. Und sie feiern zugleich ihre eigenen Erfolge sowie die Bekanntgabe einer wichtigen „Personalie": Altkanzler Kohl wird Vorsitzender des DVAG-Beirats.

In den achtziger Jahren hat Reinfried Pohl die Ferienanlage Pannonia im österreichischen Burgenland als ideale Schulungs- und Begegnungsstätte entdeckt. 1993 wird die DVAG in Österreich auch als Finanzvertrieb aktiv. Im Juni 2002 würdigt der österreichische Bundeskanzler Dr. Wolfgang Schüssel Reinfried Pohl als „eine der einflussreichsten Unternehmerpersönlichkeiten Europas“ und zeichnet ihn für seine Verdienste um Österreich mit dem „Kommandeurkreuz 1. Klasse“ aus.

Ich habe Ihr Mäzenatentum für die Universität Marburg angesprochen. (...) Beispiele für Ihr vielfältiges Engagement, mit dem Sie – nur so kann ich es interpretieren – etwas zurückgeben von dem, was Sie auf Ihrem erfolgreichen Lebensweg erfahren und bekommen haben. Oder, um es mit Ihren eigenen Worten auszudrücken: „Ich habe reich geerntet im Rahmen meines Familienunternehmens, aber ich möchte davon etwas zurückgeben.“ Diese Haltung ist keineswegs selbstverständlich. Ich hoffe, als Wissenschaftsminister zugegebenerweise nicht ganz uneigennützig, dass viele Ihrem mäzenatischen Beispiel im Interesse der Wissenschaft und der künftigen Generationen folgen mögen.

Rede bei Verleihung des Ehrentitels Professor am 9. Mai 2007 in der Staatskanzlei in Wiesbaden.

HANS-DIETRICH GENSCHER

Bundesaußenminister von 1974 bis 1992;
Bundesvorsitzender der FDP von 1974 bis 1985.

„Freiheit heißt Verantwortung, Verantwortung heißt Freiheit"

Ich bin heute gerne zu Ihnen gekommen, zu einem Kreis von Menschen, die wissen und sich dem auch beruflich verpflichtet fühlen, dass wir in einer Gemeinschaft leben, die mit Freiheit auch Verantwortung meint. Und in der Freiheit ohne Verantwortung in Wahrheit nicht gelebt werden kann.

Freiheit und Verantwortung sind zwei Seiten derselben Medaille. Wenn man Verantwortung von den Menschen nimmt, beraubt man sie auch ihrer Freiheit. Manchmal ist das Nehmen der Verantwortung mit dem Versprechen, alles für den Menschen zu tun, ein süßes Gift, dem viele erliegen. Sie spüren erst zu spät, dass sie damit ein großes Stück ihrer eigenen Freiheit aufgegeben haben.

Wir leben in einer Zeit, in der weltweit die Idee von Freiheit und Verantwortung an Boden gewinnt. Und wir würden unsere eigene Verantwortung nicht wahrnehmen, wenn wir glaubten, dass wir in einem ruhenden Zentrum einer sich grundlegend verändernden Welt leben. Wir sind Teil dieser Welt und verändern uns mit dieser Welt. (…)

Modernisierung fängt in den Köpfen an. Dann, wenn wir erkennen, dass Freiheitsverlust auch durch ein Übermaß an Regelungsdichte, durch ein Übermaß an vermeintlicher staatlicher Für- und Vorsorge entstehen kann. Wenn wir erkennen, dass zusätzliche Freiräume auch Gestaltungsräume sind. Dass es wichtig ist, diese Gestaltungsräume zu nutzen in eigener Verantwortung für die Zukunft. Im fortwährenden, lebenslangen Sich-Bilden, in der Risikobereitschaft, auch eine selbständige Tätigkeit auf sich zu nehmen. In der Vorsorge für das eigene Alter zusätzlich zu den bereitgestellten kollektiven Sicherungssystemen.

Hier ist es wichtig, dass Menschen da sind, die das anderen vermitteln an neuem Denken, was vom Staat in dieser Form nicht vermittelt werden kann. Darin liegt eine wichtige gesellschaftspolitische Aufgabe, die Sie haben.

Rede anlässlich der Hauptversammlung des Bundesverbands Deutscher Vermögensberater im Palmengarten Frankfurt/Main am 25. Juni 1997.

DR. WOLFGANG GERHARDT

Bundesvorsitzender der FDP von 1995 bis 2001 und Vorsitzender der FDP-Bundestagsfraktion von 1998 bis 2006.

„Der Kommunalpolitiker Dr. Reinfried Pohl"

Das Engagement in der F.D.P. wurde damals wirklich beständig. (...) Die kommunalen Themen gingen nun auch die Studenten, die in der F.D.P. waren, urplötzlich etwas an. Sie waren nicht mehr nur Gäste in einer Universitätsstadt, sondern mussten mit dem Kreisvorsitzenden Schernbeck, dem Kommunalpolitiker Dr. Hansjoachim Kochheim und dem kommunalpolitisch sehr erfahrenen Dr. Reinfried Pohl örtliche Angelegenheiten besprechen."

„Meine Marburger Zeit", in: Jan Marco Müller (Hrsg.), „Freiheit, Tüchtigkeit, Persönlichkeit", Beiträge zur Geschichte des Marburger Liberalismus, Marburg 2000.

MICHAIL GORBATSCHOW

Generalsekretär des Zentralkomitees der Kommunistischen Partei der Sowjetunion von 1985 bis August 1991; Präsident der Sowjetunion von 1990 bis 1991.

„Die Deutsche Vermögensberatung ist wichtig für die Gesellschaft“

Meine Freunde in Deutschland, liebe Freunde in Frankfurt, ich weiß, dass Sie heute bei der Deutschen Vermögensberatung ein wichtiges Ereignis, ein Jubiläum haben. Und das ist wichtig nicht nur für diejenigen, die damit unmittelbar zu tun haben, sondern für die Gesellschaft insgesamt. Das betrifft auch die Interessen vieler deutscher Bürger. (…)

Ich bin oft in Ihrem Land. Ich sehe, wie das neue Deutschland lebt, wie es die Probleme löst. Ich bin begeistert, dass alles, was heute getan wird, unter der Bewahrung und Vermehrung des demokratischen Potenzials geschieht. Ich glaube, dass der Beitrag Ihres Unternehmens besonders wünschenswert ist, dass er noch größer wird. Besonders jetzt, wenn die Menschen – das ganze Deutschland – ihre neue Rolle, ihre Identität suchen. Ich möchte Euch allen Erfolg wünschen. (…)

Heute treffe ich die Deutschen – ich bin ja oft in meinem Land unterwegs – fast in allen Regionen. Und das ist gut so. Es ist gut für die menschlichen Beziehungen und ist gut für Europa und gut für die Welt. Ich hoffe, auch Ihr werdet dabei keine Zaungäste sein, sondern

Euren gewichtigen Beitrag zur Entwicklung unserer Beziehungen leisten. (…)

Wir müssen immer über ein gemeinsames, friedliches, stabiles und demokratisches Europa nachdenken. Lasst uns auch nicht vergessen, dass die Welt ihrerseits auf der großen Suche danach ist, wie das Leben im 21. Jahrhundert sein sollte. Lasst uns das bitte nicht vergessen.

Ich möchte der Familie Pohl und Euch allen noch einmal ganz herzlich zum Firmenjubiläum gratulieren. Ich wünsche allen weiterhin viel Erfolg im Geschäft und Glück im Leben. Auf Wiedersehen!

In Moskau gesprochene, auf Großleinwand übertragene Grußbotschaft zur Feier des 20. Jubiläums der Deutschen Vermögensberatung AG in der Festhalle Frankfurt/Main am 1. Juli 1995.

GERHARD JAHN

Bundesminister der Justiz von 1969 bis 1974.

„Einen neuen Beruf entwickelt"

Wir leben in einer Zeit großer politischer, gesellschaftlicher, wirtschaftlicher und sozialer Veränderungen. (…) Für den Bürger stellen sich dabei viele Fragen, die schwer zu beantworten sind. Zwei Fragen nehme ich auf: Wie soll die Wandlung von der gewerblichen Industriegesellschaft zur Dienstleistungsgesellschaft bewältigt werden?

Neue Berufe entstehen. Es ist das herausragende Verdienst Dr. jur. Reinfried Pohls, einen solchen neuen Beruf erdacht, entwickelt, in Form und zur förmlichen Anerkennung gebracht zu haben – den des Vermögensberaters.

Die zweite Frage: Welche Dienstleistungen benötigen und suchen die Bürger? Eine solche ist es gewiss zu wissen, wie sie mit dem eigenen Geld so vorteilhaft für sich und ihre Familie umgehen können, dass sie den größtmöglichen Nutzen finden. Dazu brauchen sie sachkundigen Rat und Vertrauen.

Der sorgfältig und umsichtig ausgebildete Vermögensberater bietet beides an. Dem Beruf des Vermögensberaters in den vergangenen 20 Jahren einen eigenen Standort, Glaubwürdigkeit, Sicherheit und Vertrauen geschaffen zu haben, ist Verdienst des Bundesverbands Deutscher Vermögensberater e. V. und bleibt sein Auftrag.

Grußwort zur Feier des 20. Jubiläums des Bundesverbands Deutscher Vermögensberater in der Jahrhunderthalle Frankfurt/Main am 29. Juni 1993.

ROLAND KOCH

Ministerpräsident des Landes Hessen seit 1999.

„Um die Förderung der Wissenschaft verdient gemacht“

Wenn wir heute in der Landespolitik darüber reden, wie wir Regionen entwickeln und ihnen die Fähigkeit vermitteln können, in einem immer internationaler werdenden Wettbewerb mitzuwirken, dann ist die Antwort für die Mitte Hessens ebendiese große Dichte an akademischer Ausbildung, dieser hohe prozentuale Anteil an Menschen, die als Akademiker dort leben und arbeiten. Und wenn man sich wiederum fragt, woran das liegt, dann ist die Antwort relativ einfach: Es sind eben Zehntausende, die letzten Endes in unmittelbarem Umfeld der akademischen Welt, der Universitäten in Marburg und Gießen, leben.

Es handelt sich um eine der letzten positiven Folgen der Religionsauseinandersetzung, dass die Gießener auf der einen Seite immer glaubten, mit ihrer Universität mindestens so gut zu sein wie die Protestanten auf der andere Seite. (...)

Die Universität in Marburg hat Ihnen, lieber Herr Dr. Pohl, ganz besonders in einem Bereich zu danken, der im Augenblick im Fokus des öffentlichen Interesses steht: Ich spreche von der Medizin, der innovativen Medizin, in der Sie bereit sind, mit einem beträchtlichen Finanzaufwand dafür zu sorgen, dass medizinische wissenschaftliche Arbeit dort auf hohem Niveau vollbracht werden kann. Und Sie wissen, dass Sie damit etwas tun, was jetzt von öffentlicher Seite Begleitung erhalten wird. Wir gründen zurzeit die größte Stiftung, die wir je im Lande errichtet haben, um damit unseren Beitrag zum Medizinstandort Mittelhessen zu leisten. Das alles wird jedoch nur gelingen, wenn es dabei auch eine Menge an privatem Engagement gibt. (...)

Ich sehe in meinem Land jeden Tag, dass wir viele Dinge beim besten Willen nicht allein mit unseren staatlichen Mitteln bewegen können – und zwar auch deshalb, weil wir dann einen alles kontrollierenden Staat hätten, sobald wir versuchen würden, alles mit unseren staatlichen Mitteln zu bewegen. Es gibt eben letzten Endes in unserem Gemeinwesen nur eine Chance, dass viele Leute zu diesem Staat von sich aus loyal sind, obwohl sie es nicht sein müssten. Die Alternative wäre der Versuch, sie zur Loyalität zu zwingen. Das wäre dann aber ein anderer Staat. (...)

Sie wohnen in Marburg und haben sich in Ihrer Region nicht nur in unternehmerischer Hinsicht, sondern in herausragender Weise auch um die Förderung der Wissenschaften, speziell an der Universität Marburg, verdient gemacht. Dies alles hat den Herrn Bundespräsidenten dazu bewogen, dem Vorschlag zu folgen und Sie auszuzeichnen.

Laudatio anlässlich der Verleihung des Großen Verdienstkreuzes mit Stern des Verdienstordens der Bundesrepublik Deutschland am 19. Dezember 2006 in der Staatskanzlei in Wiesbaden.

„Dr. Pohl steht für die Revolution der Finanzwelt"

Wachsender allgemeiner Wohlstand, vor allem als Folge erheblich gestiegener Einkommen, hat die Leistungsfähigkeit erhöht und damit die Möglichkeiten des Bürgers, selbst eine gewisse Vorsorge zu treffen. Verschiebungen im Altersaufbau der Bevölkerung hingegen belasten die Gesellschaft im Ganzen, so dass die Anforderung an die Sozialversicherung und die eigentliche Möglichkeit der Versicherten von der Entwicklung her auseinanderzuklaffen beginnen.

Das Solidaritätsprinzip bewirkt, dass der einzelne Bürger eine Überlastung des Systems erst spät – vielleicht zu spät – bemerkt. Eigenvorsorge und das eigene Engagement des Einzelnen sind verstärkt gefordert. Sicher kann der einzelne Bürger nicht alles allein leisten, aber ohne die Einzelleistung, die Kreativität, den Willen und die Bereitschaft, sich ganz persönlich einzubringen, wird auch der modernste Sozialstaat sein Fundament verlieren.

Eine zentrale, zukunftsweisende Bedeutung wird in diesem Zusammenhang auch die „Allfinanz-Konzeption" erlangen, die den sehr differenzierten Wünschen der einzelnen Bürger gerecht werden kann. In der Kombination eines breitgefächerten Produktangebots und einer kompetenten persönlichen Beratung ist diese Allfinanz-Konzeption hervorragend geeignet.

Für diese Revolution der Finanzwelt steht Dr. Reinfried Pohl, der die Allfinanz-Idee vor gut 30 Jahren entwickelt hat. Die Lösung der Allfinanz-Beratung aus einer Hand durch den selbständigen Vermögensberater bringt eine der denkbaren Lösungen.

Eine Vielzahl von Vermögensberatern arbeitet heute nach der grundlegenden Idee für die Risikoabsicherung und den Vermögensaufbau unserer Mitbürger und ihrer Altersvorsorge. Der Vermögensberater-Beruf hat auch gesellschaftspolitische Bedeutung. Als selbständiger Unternehmer kann der Vermögensberater in einem zukunftsreichen Dienstleistungsberuf arbeiten.

Gastreferat anlässlich der Jahreshauptversammlung des Bundesverbands Deutscher Vermögensberater in Wiesbaden am 16. Juni 1999.

„Private Vorsorge – Gebot der Vernunft“

Die Tatsache, dass die Altersversorgung der heute und in absehbarer Zeit im Ruhestand befindlichen Arbeitnehmer nur umlagefinanziert gewährleistet werden kann, führt zu einer nicht unbeträchtlichen Belastung der jungen Generation. Sie wird sich für eine absehbare Zukunft auf einen Rentenbeitrag von rund 20 Prozent vom Bruttoarbeitseinkommen einstellen müssen. Zugleich aber müssen alle Voraussetzungen geschaffen werden, damit die Rentenanwartschaften, die damit erworben werden, von einer individuellen Vermögensplanung begleitet werden.

Neben der staatlichen Rentenversicherung und der Betriebsrente muss es in Zukunft das Element der privaten Vorsorge verstärkt geben. Dies wird auch dadurch finanziert, dass die persönliche Ausgabeplanung der jungen Generation stärker auf die Alterssicherung Rücksicht nehmen muss, als es die vorige Generation getan hat. Auch hier zeigt sich, dass die grundlegende Idee von Dr. Pohl – „Allfinanz-Beratung“ aus einer Hand durch den selbständigen Vermögensberater – die richtige, vorausschauende Lösung war.

Wichtig ist, die Weichen für große Entscheidungsmöglichkeiten bei der Nutzung dieser dritten Säule zu stellen. Wir benötigen so schnell wie möglich Pensionsfonds-Modelle in Deutschland, die mit unterschiedlicher Risikostruktur erworben werden können. Der konservative Rechner weiß mit 30, was ihm mit 60 gezahlt wird, aber er erhält dafür eben auch nur eine mäßige Rendite. Der Mutige kann einen Teil seines Kapitals gefährden, aber eben auch noch eine wesentlich höhere Rendite im Alter anstreben.

Rede vor der Jahreshauptversammlung des Bundesverbands Deutscher Vermögensberater in Wiesbaden am 16. Juni 1999.

DR. ANGELA MERKEL

Bundeskanzlerin seit 2005, Bundesvorsitzende der CDU seit 2000.

„Vermögensberater sind Botschafter der privaten Vorsorge“

Lieber Herr Pohl, liebe Familie Pohl, liebe Vermögensberaterinnen und Vermögensberater. Ich grüße Sie ganz herzlich zu Ihrer Vertriebskonferenz in Frankfurt. Ich erinnere mich noch gerne, als ich bei Ihnen war im Jahr 2004 in Erfurt. Und Sie können stolz sein, auch in diesem Jahr haben Sie wieder hervorragende Ergebnisse erzielt.

Sie, die Vermögensberater, sind Botschafter der privaten Vorsorge. Hier setze ich meine ganze Hoffnung in Sie, dass Sie Menschen in unteren und mittleren Einkommensschichten helfen, ein gutes Vermögensfundament und eine Vermögenssicherheit über ihr ganzes Leben hin vorzubereiten. Ich bin mir sicher, die Deutsche Vermögensberatung wird auch in den folgenden Jahren trotz veränderter Marktbedingungen wieder neue Wege gehen und gute Ergebnisse erzielen. Ich begleite Sie mit meinen guten Wünschen auf Ihrem Weg.

Videobotschaft während der Vertriebskonferenz der Deutschen Vermögensberatung AG in der Festhalle Frankfurt/Main am 6. November 2006.

„Der Geist der Gründerjahre“

Dass Deutschland wieder vorne mitspielt, vorne mitfährt und vorne dabei ist, das ist unser Ziel und muss es bleiben. Das war im Übrigen auch die Geisteshaltung der Gründerjahre der Bundesrepublik Deutschland, und das muss auch im 21. Jahrhundert wieder so sein. Und wenn wir das schaffen wollen, dann müssen wir die Lage nüchtern analysieren, aber dann müssen wir uns vor allem auch an denen orientieren, die die Geschichte der Sozialen Marktwirtschaft geschrieben haben.

Herr Pohl, Sie und Ihre Familie haben ein gutes Stück der Geschichte der Sozialen Marktwirtschaft mitgestaltet, denn Sie haben das Angebot von Allfinanzleistungen populär gemacht, Sicherung aus einer Hand, weil es um den Menschen geht und nicht um das Produkt. Das Produkt muss zum Menschen passen, und nicht der Mensch muss passend zum Produkt gemacht werden.

Wenn ich sage, Sie, Herr Pohl, haben diese Geschichte mitgeschrieben, dann sage ich das deshalb, weil die Frage, wie betrachte ich den Menschen, sicherlich in der ersten Hälfte des 21. Jahrhunderts wieder genauso wichtig sein wird, wie diese Frage wichtig war in der zweiten Hälfte des 20. Jahrhunderts. Denn die Frage, kann der Mensch selber entscheiden, kann er mündig und fähig dazu gemacht werden, sein Leben zu gestalten, sich gegen die Wirrnisse, die Risiken des eigenen Lebens abzusichern, hat unglaublich viel damit zu tun, ob es Menschen gelingt, Vermögen anzulegen, ein Stück Sicherheit für Unwägbarkeiten zu erleben. Dieses Vermögen dann in der Familie gemeinsam nutzen zu können, bedeutet wiederum, dass wir Sie, die Sie hier in diesem Saal sitzen, stellvertretend für Tausende andere brauchen, die beratend den Menschen zur Seite stehen, aber eben nicht bevormundend.

Der Mensch ist der Ausgangspunkt dessen, worum Sie marktwirtschaftlich ringen, in einem nicht immer einfachen Wettbewerb. Sie sind dann natürlich bei Ihren Kunden, denen Sie ein Angebot machen, davon abhängig, dass es insgesamt diesem Land gutgeht, und dafür hat die

Politik große Verantwortung. Ihr Motto hieß immer schon: „Früher an später denken.“ Ich glaube, dieses Motto ist aktueller denn je. Denn die Frage, wie geht es weiter mit unserem Land, hat sehr viel zu tun mit den Gegebenheiten. Sie liegen zum Teil ganz klar auf dem Tisch: demographischer Wandel, also die Umschreibung der Tatsache, dass wir erfreulicherweise älter werden im Durchschnitt und dass wir in weniger erfreulicher Weise zu wenig Kinder haben. Darauf und auf die ganz wesentlichen Veränderungen unserer Gesellschaft in den kommenden Jahrzehnten muss frühzeitig eine Antwort gegeben werden.

Diese Antwort wird nicht heißen können: weitere Kollektivierung von individuellen Risiken. Sondern die Antwort wird sein müssen: dem Einzelnen Wege zu eröffnen, individuell auf seine Risiken sich vorbereiten und reagieren zu können.

Nun dürfen wir aber in diesem Saal uns nichts vormachen. Für viele Menschen klingt das bedrohlich, weil sie Sorge haben, dass das, was sie vermeintlich gut beim Staat abgesichert vermuten, doch nicht so richtig abgesichert ist. Aus meiner Sicht ist es deshalb so wichtig, dass wir gemeinsam den Bürgerinnen und Bürgern dieses Landes sagen: Das muss keinem Angst machen, das muss uns nicht in den Abgrund stürzen, aber wir müssen die Probleme analysieren und anschließend vernünftig lösen.

Wir brauchen in diesem Lande wieder Stehvermögen, auf dass wir die richtigen Entscheidungen treffen, die Weichen richtig stellen. Dabei darf nicht Ideologie unser Maßstab sein, sondern der gesunde Menschenverstand. Und, meine Damen und Herren, wir brauchen sicherlich auch viel Einfühlungsvermögen, um Menschen auf diesem Weg mitzunehmen.

Deshalb lassen Sie mich noch einmal mit einem ganz herzlichen Dankeschön schließen. In Ihrer Tätigkeit ist der Kontakt zum Bürger verbunden mit Ihrem eigenen wirtschaftlichen Erfolg. Das ist die denkbar beste Mischung dafür, dass gute Ideen auch zu den Menschen kommen. In Ihrer Tätigkeit, die eben nicht anonym ist, die nicht vergesellschaftet ist, sondern die die eigene Selbständigkeit voraussetzt, sehen die Menschen denn auch ein Stück von dem, was heute in dieser Zeit so bitter fehlt, nämlich Verlässlichkeit, Berechenbarkeit und damit dann auch die Bereitschaft, überhaupt auf neue Wege einzuschwenken.

Rede beim Deutschlandtreffen der Deutschen Vermögensberatung AG in Erfurt am 4. April 2004.

ELMAR PIEROTH

Berliner Wirtschaftssenator von 1981 bis 1989; Mitglied des Vorstandes der CDU/CSU-Bundestagsfraktion von 1971 bis 1982.

„Vermögensberater – ein lebenswichtiger Beruf"

Sehr geehrter Dr. Pohl, mit großem Interesse habe ich Ihr Bemühen um die Einführung des Vermögensberater-Berufsstandes verfolgt. Als Politiker, der sich immer auch als Vertreter des Mittelstandes und der freien Berufe verstanden hat, begrüße ich es, dass es einen neuen Beruf gibt, der auf selbständiger Basis wahrgenommen wird und der gleichzeitig Aufgaben erfüllt, die für das Gedeihen unserer freiheitlichen Wirtschaftsordnung lebenswichtig sind.

Das Vermögensbildungs-Angebot in unserem Lande erfordert zur optimalen Ausschöpfung wegen seiner Vielfalt und immer stärkeren Differenzierung umfangreiche Spezialkenntnisse, die der einzelne Bürger nicht besitzen kann. Hier hat Ihr Berufsstand eine große Aufgabe, indem er den Staat bei der Aufklärung der Bürger über alle Maßnahmen zur Vermögensbildung und Sparförderung wesentlich unterstützt. Ihre Arbeit führt ferner dazu, den so überaus wichtigen Gedanken der Eigenverantwortung für die persönliche Altersvorsorge und Absicherung der Familie in breite Bevölkerungskreise zu tragen.

Ich wünsche dem Bundesverband Deutscher Vermögensberater in der Durchsetzung seiner Ziele und seinen Mitgliedern in ihrer Arbeit für den Bürger viel Erfolg.

Schreiben vom 12. Oktober 1978.

DR. JÜRGEN RÜTTGERS

Ministerpräsident des Landes Nordrhein-Westfalen seit 2005; Bundesminister für Wissenschaft und Forschung von 1994 bis 1998.

„In armen Ländern gibt es keine Vermögensberater“

Sie haben ja, lieber Herr Pohl, mit Ihrem Lebenswerk mitgeholfen, dem Erfolg des Modells Deutschland und damit vor allem der Sozialen Marktwirtschaft Ludwig Erhards weltweites Ansehen zu verschaffen. Beim Herfahren habe ich mir überlegt: Wenn man manchmal Nachrichten hört und die Betrachtungen des einen oder anderen Zeitgenossen zum Zustand in unserem Land, dann fällt einem ein, dass ein Land, in dem es den Beruf des Vermögensberaters gibt, ein Land, in dem dieser Beruf erfolgreich ausgeführt und vieltausendfach besetzt werden kann, eigentlich kein fehlgeleitetes Land sein kann.

Wo Vermögensberater ihr Auskommen finden können, da kann ja die Armut auch nicht zu Hause sein. Was natürlich nicht heißt, dass dies nicht eine schwierige Aufgabe ist, und was natürlich auch nicht heißt, dass das nicht ein Anstrengen bedeutet, ein Auf-Menschen-Zugehen, ein Nachdenken über das, was die Menschen und dieses Land brauchen.

Dennoch, finde ich, ist es ganz wichtig, dass man sich das immer wieder vor Augen führt. Ich habe immer den Eindruck, vor allem dann, wenn ich aus dem Ausland wiederkomme, dass das ein wunderschönes Land ist, ein Land mit allen Chancen. Wenn man dann überlegt, was in den letzten acht, neun, zehn Jahren passiert ist mit der Wiedervereinigung – eine Sache, über die ich mich noch immer jeden Tag freuen kann –, dann wäre es doch gelacht, wenn wir nicht in der Lage wären, mit den Problemen, die wir haben, fertig zu werden.

Das sage ich übrigens gerade als jemand, der der jüngeren Generation in der Politik angehört. Ich möchte mich später nicht vor meinen Vorfahren verstecken und sagen: Die sind zwar in der Lage gewesen, das Land nach dem Krieg aufzubauen, aber wir sind nicht in der Lage gewesen, das Erbe zu bewahren und weiterzuführen. Von daher gesehen glaube ich schon, dass es sich lohnt, sich jetzt in dieser Zeit anzustrengen; übrigens eine hochspannende Zeit. Eine Zeitenwende. Eine Zeit, in der sich mehr ändert als in vielen, vielen Jahrzehnten zuvor. Eine Zeit, in der sich vieles rasend schnell ändert und ganz wenig Zeit ist, sich anzupassen.

Referat anlässlich der Jahreshauptversammlung des Bundesverbands Deutscher Vermögensberater in den Rhein-Main-Hallen Wiesbaden am 10. Juni 1998.

DR. WOLFGANG SCHÜSSEL

Bundeskanzler der Republik Österreich von 2000 bis 2007.

„Eine europäische Unternehmerpersönlichkeit"

Dr. Reinfried Pohl gilt als eine der markantesten und sicherlich auch einflussreichsten Unternehmerpersönlichkeiten Europas, die sich um das Wohl und die Interessen Österreichs herausragende und bleibende Verdienste erworben haben. Dr. Pohl hat mit seinem wirtschaftlichen Engagement in der Finanzdienstleistungsbranche in bedeutendem Ausmaß zur Schaffung neuer Arbeitsplätze beigetragen. Aber auch um den Tourismus in unserem Land hat sich Dr. Pohl verdient gemacht.

Dr. Pohl hat somit den Grundstein für den Aufschwung der gesamten Region Burgenland gelegt und dabei Investitionen in Millionenhöhe getätigt. Dank der Unterstützung seiner Gattin Anneliese, die mit ihrer außergewöhnlichen Begabung für die Innenausstattung und Dekoration Wärme und Geborgenheit vermittelt, ist das Feriendorf Pannonia zu einer einzigartigen Hotelanlage geworden.

Laudatio anlässlich der Überreichung des Großen Goldenen Ehrenzeichens für Verdienste um die Republik Österreich (Kommandeurskreuz Erster Klasse) im Bundeskanzleramt in Wien am 9. Mai 2003.

DR. GERHARD STOLTENBERG († 2001)

Bundesminister der Finanzen von 1982 bis 1989; Verteidigungsminister von 1989 bis 1992.

„Die Bürger sind auf optimalen Rat angewiesen“

Je früher und eindeutiger der Gesetzgeber aus den erkennbaren Zukunftsperspektiven die erforderlichen Folgerungen zieht, desto besser können die Bürger als Sparer und Anleger vernünftig auswählen, kalkulieren und können jene Unternehmen, die Angebote für private Vorsorge machen, verlässlich beraten. Das gilt jetzt für ganz Deutschland, bei allen Unterschieden, die es gegenwärtig noch in den Erfahrungen und Prioritäten gibt.

Nach den Übertreibungen der jüngsten Zeit ist vorerst mit einer recht verhaltenen Entwicklung der privaten Einkommen bei uns und in den meisten anderen europäischen Ländern zu rechnen. Aber die Restriktionen bis hin zu einem geringen Rückgang der real verfügbaren Einkünfte vollziehen sich auf einem insgesamt hohen Niveau. Deshalb ist nicht mit einer bruchartigen Veränderung im Sparerverhalten zu rechnen, auch nicht einer anhaltenden Abwärtsbewegung im Lebensstandard.

Voraussetzung für diese vorsichtig zuversichtliche Einschätzung ist naturgemäß, dass sich in Zeiten der Krise wieder einmal der „common sense“ durchsetzt, über alle unterschiedlichen Gruppen hinweg eine Orientierung an den vitalen Erfordernissen unseres Gemeinwesens und damit auch unserer Volkswirtschaft. Das war in den schwierigen

Phasen der Geschichte der Bundesrepublik bisher der Fall. Natürlich richten sich die Erwartungen vor allem an die Regierungen und Parlamente, aber auch an die autonomen Gruppen und an alle, die öffentliche Meinung zu prägen vermögen.

Weiterhin werden die meisten Bürger bei ihren persönlichen Entscheidungen über private Vorsorge und Vermögensanlagen auf optimalen Rat angewiesen sein und ihn in der Konkurrenz der verschiedenen Angebote suchen. Der Weg, den Sie als Mitglieder des Bundesverbands Deutscher Vermögensberater e. V. eingeschlagen haben, hat sich bisher als erfolgreich erwiesen, sowohl für Sie als auch für viele, die sich auf Ihr fachkundiges Urteil verließen. Ich wünsche Ihnen, dass dies auch für die Zukunft gilt.

Rede anlässlich des 20. Jubiläums des Bundesverbands Deutscher Vermögensberater in der Jahrhunderthalle in Frankfurt/Main am 29. Juni 1993.

EGON VAUPEL

Oberbürgermeister der Stadt Marburg seit 2005.

„Herr Dr. Pohl, Sie handeln"

Marburg ist eine Universitätsstadt, und für die Verbindung zur Stadt ist häufig die Universität das Bindeglied. Das heißt: Wer in Marburg studiert hat, fühlt sich dieser Stadt oft ein Leben lang eng verbunden. Sie, Herr Pohl, kamen im Oktober 1948 nach Marburg und nahmen das Studium der Rechtswissenschaften auf. Im März 1953 legten Sie das erste juristische Staatsexamen ab, im Dezember 1953 folgte die Promotion.

Auf den Tag genau 50 Jahre nach Ihrer Immatrikulation an der Philipps-Universität wurden Sie 1998 Ehrensenator der Philipps-Universität. Das ist nur eine Auszeichnung, die Ihre damalige Universität Ihnen zuteil werden ließ. Die Fachbereiche Rechtswissenschaften und Medizin verliehen Ihnen außerdem die Ehrendoktorwürde. Ihre ideelle Unterstützung und materielle Förderung der Wissenschaften hat die Universität also bereits selbst gewürdigt. Mit der Einrichtung der Dr.-Reinfried-Pohl-Stiftung im Oktober 1997 haben Sie die Förderung der Philipps-Universität als Stiftungszweck festgeschrieben und ihr ein besonderes Gewicht verliehen.

Marburg ist als Stadt ohne Philipps-Universität nicht denkbar. Und so kommt all das Gute, was ihr zuteil wird, auch der Kommune zugute. Es ist eine Binsenweisheit, dass Investitionen in die Bildung entscheidende Investitionen in die Zukunft unserer Stadt, unseres Landes sind. Solche Aussagen zu machen, ist eine Sache, danach zu handeln, eine andere. Sie handeln, Herr Dr. Pohl, und haben dies mehr als einmal unter Beweis gestellt. (…)

Ihr beruflicher Werdegang (…) hat Sie immer wieder weg von Marburg geführt. Aber da Sie nach der Vertreibung aus dem Sudetenland und der Flucht aus der damaligen sowjetisch besetzten Zone Marburg zu Ihrer Wahlheimat gemacht haben, war und ist unsere Universitätsstadt immer Ihr Lebensmittelpunkt gewesen: Hier lebt Ihre Familie, die für Sie so wichtig ist. Ihre Frau ist Marburgerin, und Ihre beiden Söhne leben mit ihren Familien in Marburg. „Ich habe hier Wurzeln geschlagen und eine wunderbare neue Heimat gefunden", lautet Ihr Bekenntnis.

Auch die Marburger Kommunalpolitik haben Sie, wenn auch nur für kurze Zeit, als aktiv Tätiger kennengelernt. Als Mitbegründer der Liberal-Demokratischen Partei (LDP) in Halle fanden Sie nach Ihrer Flucht aus Halle in der FDP eine politische Heimat. Während Ihrer Studienzeit waren Sie Chef der Liberalen Hochschulgruppe, und auf der Liste der FDP zogen Sie 1956 in das Marburger Stadtparlament ein. (…)

Für die Universitätsstadt Marburg ist Ihre Ehrung, Herr Dr. Pohl, heute etwas Besonderes. Vielleicht werden spätere Oberbürgermeister einmal sagen, dass damit wieder ein neues Kapitel der Marburger Ehrenbriefvergabepraxis eingeleitet wurde.

Rede aus Anlass der Verleihung der Ehrenbürgerwürde der Stadt Marburg am 15. Dezember 2006 im Marburger Rathaus.

DR. THEO WAIGEL

Bundesfinanzminister von 1989 bis 1998; CSU-Vorsitzender von 1988 bis 1999.

„Wir brauchen Herrn Dr. Pohl noch“

Als Bundesfinanzminister darf und will ich keine Werbung für ein bestimmtes Konzept der Vermögensbildung betreiben. Es ist ja gerade ein Kennzeichen unserer marktwirtschaftlichen Ordnung, dass alternative Angebote im Wettbewerb um die Gunst des Kunden stehen.

Herr Dr. Pohl, ein von Ludwig Erhards Aufbaujahren geprägter Pionierunternehmer, kann auf den erfolgreichen Weg der privaten Lebensversicherung hinweisen. Andere setzen auf Investivlöhne, auf die Beteiligung breiter Schichten am Produktionskapital, auf eine neue Kultur der Aktie. Wichtig ist nur die Einsicht, dass wir mehr denn je bei der jungen Generation auf die Notwendigkeit rechtzeitiger privater Vermögensbildung hinwirken.

Wenn ich mit Persönlichkeiten wie Herrn Dr. Pohl zusammentreffe, kommen in mir Sehnsucht und Wehmut auf. Anlageberater wie Herr Dr. Pohl können sich vor dem Ansturm anlagesuchenden Privatkapitals in Milliardenhöhe kaum noch retten, während ich als armer Hüter der Staatsfinanzen dem Geld der Leute nachlaufe, in mittelalterlicher Manier mit den Mitteln des Zwangs, Geld einzutreiben und durch ein Heer ausgefuchster Finanzbeamter den immer klüger werdenden Steuerumgehungskünstlern nachstellen muss.

Der Vermögensberater Reinfried Pohl liebt die Schwarzen. Jedenfalls die schwarzen Zahlen in seinen Finanzen. Mitunter geht er aber auch rein farblich gesehen fremd, indem er rotes Terrain betritt. In großen Zeitungen war vor wenigen Tagen von seiner intimen Zuneigung zu den auf einem Berg hausenden und von einem König regierten roten Teufeln zu lesen. Solche Ausflüge, lieber Herr Pohl, werden auch von eingefleischten Schwarzen entschuldigt. Ich weiß dies aus eigener Erfahrung, weil ich seit Jahrzehnten in der Fußballmannschaft des Deutschen Bundestags auf Linksaußen spielen musste, weil einfach niemand links schießen konnte außer mir.

Spaß beiseite – wer bei einem Absteiger aus der Fußballbundesliga als Sponsor einsteigt, der verrät Mut und Zukunftsoptimismus. Eine Haltung, die sich viele in unserem Land zum Vorbild nehmen sollten. Glauben Sie mir, Sie als Siebziger und ich als Sechziger, wir können uns auch in der Fußballwelt jederzeit sehen lassen nach dem, was sich so in den letzten Tagen und Wochen vollzogen hat. Sie haben in Ihrem Leben unternehmerischen Erfolg genauso unter Beweis gestellt wie soziales Engagement. Dafür möchte ich Ihnen wie auch Ihrer Frau Gemahlin an dieser Stelle ein Wort der Anerkennung zollen.

Sie gehören, lieber Herr Dr. Pohl, zu jener Gruppe von Deutschen, der im Zuge der Kriegswirren das Schicksal des Heimatvertriebenen nicht erspart blieb. Das Sudetenland ist Ihre Heimat, das Land Hessen wurde Ihre Wahlheimat. Die neuere Entwicklung in Europa hat es mit sich gebracht, dass die Schranken zwischen Ihrer Heimat und Ihrer Wahlheimat durchlässig geworden sind. In den vergangenen Wochen rückte das Projekt der europäischen Einigung in eine historisch neue Dimension. Ein gemeinsamer Europäischer Binnenmarkt mit einheitlicher Währung wird Wirklichkeit.

Ich bin überzeugt, die Entscheidung für die europäische Währungsunion wurde zum richtigen Zeitpunkt getroffen. Viele Mitbürger, auch hochangesehene Politiker, drücken ihre Besorgnis aus, das Ganze komme zu früh und gehe zu schnell. Dem kann ich nur entgegnen, wer zu spät kommt, läuft Gefahr, historische Chancen zu verlieren.

Wann, wenn nicht jetzt, im Zeitalter der Globalisierung, ist es an der Zeit, eine einheitliche europäische Währung zu schaffen? Wann, wenn nicht jetzt, am Ende des Systems von Jalta, ist es an der Zeit, eine dauerhafte europäische Friedensordnung zu schaffen?

Die Verträge von Maastricht sind die politische Antwort auf die Irrwege unseres Jahrhunderts. (…) Und darum sage ich: Wir haben allen Grund, optimistisch zu sein. Und ein Mann wie Sie, Herr Dr. Pohl, der so viel geleistet hat und noch mit so viel Mut, Zuversicht und Tatkraft vor uns sitzt, der kann mit Recht sagen, was Samuel Beckett in einem seiner Theaterstücke einen Darsteller sagen lässt, als der zurückdenkt: „Das waren also die besten Jahre, als noch Hoffnung bestand." Und dann sagt er: „Nein, ich sehne mich nicht zurück." Und darum wünsche ich Ihnen: Sehnen Sie sich nicht zurück. Denken Sie an heute und an morgen. Wir brauchen Sie noch.

Ansprache anlässlich der Vorstellung des Buches „Am Anfang unserer Zukunft. Weichenstellungen für das 21. Jahrhundert. Dr. Reinfried Pohl zum 70. Geburtstag" auf dem Petersberg bei Bonn am 14. Mai 1998.

DR. WALTER WALLMANN

Hessischer Ministerpräsident von 1987 bis 1991,
Oberbürgermeister der Stadt Frankfurt/Main von 1977 bis 1986.

„Ein engagierter Mann“

Ich kenne Dr. Pohl seit vier Jahrzehnten. Als ich mein Studium an der Philipps-Universität in Marburg an der Lahn begann, legte Dr. Pohl das juristische Staatsexamen ab. Er war ein engagierter Mann, der schon damals unter uns Studenten dadurch auffiel, dass er sich weit über die persönlichen und universitären Interessen hinaus für die Allgemeinheit einsetzte. Er war im besten Sinne des Wortes über den akademischen Bürger seiner Universität hinaus ein Zoon Politikon, wie die Griechen von jenen sagen, die die Anliegen des Gemeinwesens zu ihren eigenen machen.

Zum 65. Geburtstag am 26. April 1993.

„Die Anliegen des anderen zu den eigenen machen“

Was Herr Dr. Pohl uns soeben gesagt hat, war die persönliche Überzeugung, die Confessio eines klugen, nachdenklichen Mannes, der sich nicht brüstet, der ganz sparsam mit Zahlen umgeht, uns alle zur Bescheidenheit ermahnt. Worte wie „Gemeinschaft“, „wir helfen“ ziehen sich wie ein roter Faden durch diese Rede.

Wir beide sind seit 35 Jahren miteinander befreundet. Ich sehe den jungen Studenten in Marburg an der Lahn vor mir, vertrieben aus seiner Heimat. Geld hatten die meisten von uns ohnehin nicht. Das Studium haben wir uns erarbeitet, indem wir als ungelernte Arbeiter in Fabriken unsere Pflicht zu erfüllen suchten, und es gab ein Entgelt, über das man heute lächeln würde. Aber es war eine andere Zeit.

Ich sehe diesen jungen Studenten vor mir, der sich engagiert als Stadtverordneter, stellvertretender Stadtverordneten-Vorsteher; der allen Anlass hatte, an sich selbst zu denken, aber der sich für andere engagierte. Er weiß, woher er kommt. Er hat eine wunderbare, liebenswerte Frau, die ihn trägt und stützt – dann, wenn auch ihn Sorgen bedrängen. Und wie könnte es denn wohl anders sein?

Deswegen, meine Damen und Herren, bin ich heute hierher gekommen. Ich möchte Sie alle ganz herzlich grüßen, ich möchte jedem Einzelnen von Ihnen gratulieren. Nur gemeinsam haben Sie dieses eindrucksvolle Werk vollbracht. Und Sie denken nicht daran, es sich jetzt bequem zu machen. Bereit sein, im Gespräch mit dem Mitbürger aufklärend zu wirken, sachkundig zu sein, die Anliegen des anderen zu den eigenen zu machen. Es gibt keine bessere Werbung.

Ansprache beim Deutschlandtreffen der Deutschen Vermögensberatung AG in der Festhalle in Frankfurt/Main am 24. Mai 1990.

„Vielen Menschen ein guter Freund“

Sehr geehrter, lieber Herr Dr. Pohl! Wenn man Sie heute vor sich sieht, dann will man nicht glauben, dass es der 60. Geburtstag ist. Ich denke daran, dass ich Sie seit Beginn der fünfziger Jahre kenne, als junger Student Sie erlebt habe in vielerlei Funktionen. Ich denke daran, ein wie guter Freund Sie vielen Menschen gewesen sind. Ich denke daran, dass man sich auf Sie immer verlassen konnte.

Das Schöne bei Ihnen ist, für mich jedenfalls, dass Sie niemals nur in den Kategorien persönlicher Karriere und wirtschaftlichen Erfolges gedacht haben. Sie haben immer gewusst, dass man über Soll und Haben hinaus seinen Beitrag leisten muss, wenn das Leben Sinn haben soll. Ich denke, dafür haben wir Ihnen besonders zu danken. Die „Res Privata“ und die „Res Publica“: Wer an die „Res Publica“ nicht denkt und nur die „Res Privata“ im Auge hat – ich bin davon überzeugt, der kann letzten Endes ein wirklich erfülltes Leben nicht haben.

Heute haben Sie Anlass, dankbar und stolz zurückzublicken. Stolz in dem Sinne, dass Ihnen dies alles an Kraft und Kreativität geschenkt worden ist. Dass Sie nicht nur aus Ihrem Leben etwas gemacht haben, sondern für viele andere etwas geleistet haben, die ihr Leben so nicht hätten führen können, wenn Sie nicht da gewesen wären, und ihnen damit auch ein Stück privaten Glücks geschenkt haben.

Lieber Herr Dr. Pohl, unser verehrter Herr Bundespräsident hat Ihnen zu diesem besonderen Anlass in Würdigung Ihrer Leistungen das Bundesverdienstkreuz des Verdienstordens der Bundesrepublik Deutschland verliehen. Ich bin glücklich, dass ich Ihnen diese hohe Auszeichnung überreichen darf.

Ansprache zum 60. Geburtstag im Kempinski Hotel Gravenbruch in Neu-Isenburg am 26. April 1988.

„Täler und Höhen“

Hier ist nicht nur eingeladen worden, sondern hier sollte etwas mitgeteilt werden vom Selbstverständnis dieses Unternehmens, dieses Hauses; etwas von dem, was die Menschen, die da tätig sind, gemeinsam trägt und an jedem Tag begleitet. Dieses, lieber Reinfried Pohl, ist Ihnen in einer meisterhaften Weise gelungen.

Sie sind, daran besteht gar kein Zweifel, eine der bedeutenden Unternehmerpersönlichkeiten in der Bundesrepublik Deutschland. (…) An Ihrer Rede hat mich so sehr beeindruckt, dass Sie immer wieder vom Besonderen zum Allgemeinen und vom Allgemeinen zum Besonderen geführt haben. Dass Sie uns im Grunde genommen immer wieder, die Bilder variierend, klar gemacht haben, worauf es ankommt: nämlich sich einzusetzen, das Bewusstsein von Gemeinschaft nicht untergehen zu lassen, füreinander da zu sein, Fleiß als eine Tugend zu begreifen, Treue als die Grundlage menschlichen Miteinanders auch in einem Unternehmen immer wieder sichtbar und bewusst zu machen.

Wer Erfolg hat, hat viele Neider, Neid ist der Begleiter des Erfolges oder vielleicht sogar die Kehrseite des Erfolges – wer hat das mehr erfahren als Sie? Sie sind persönlich verleumdet worden; das zu sagen gehört an diesem 10. Geburtstag des Unternehmens einfach dazu. (…) Ein Mann muss auch durch Täler gegangen sein und muss Narben an seinem Körper tragen. Aber wenn er sich nicht aufgegeben hat, dann ist ihm auch die Höhe wieder sicher.

Grußwort anlässlich des 10. Jubiläums der Deutschen Vermögensberatung AG im Kempinski Hotel Gravenbruch in Neu-Isenburg am 17. Mai 1986.

Reinfried Pohl im Urteil bedeutender Zeitgenossen

Stimmen aus der Wissenschaft

PROF. DR. ERICH PRIEWASSER

Dekan des Fachbereichs Wirtschaftswissenschaften an der Philipps-Universität Marburg 1979/80 und 1998/99.

„Einer der bedeutendsten Unternehmensgründer“

„Entrepreneure gesucht – wir brauchen eine neue Kultur der Selbständigkeit“, so lauten sinngemäß gängige Forderungen, um unsere vordringlichsten wirtschaftspolitischen Defizite zu beseitigen. Sie, verehrter Herr Dr. Pohl, blicken auf eine Unternehmerlaufbahn, die ihresgleichen sucht, auf eine Bilderbuchkarriere, wie wir sie eigentlich nur im Land der unbegrenzten Möglichkeiten für möglich hielten.

Es würde Ihrem Qualitätsanspruch, Ihrem Kreativitätsdenken nicht gerecht werden, wenn ich als Laudator hier einfach Ihren Lebenslauf nachzeichne. Wir wollen uns deshalb an einem Tongemälde von Richard Strauss orientieren. Dieses Denkmuster ist keineswegs an den Haaren herbeigezogen, denn Ihre Mitarbeiter sehen Sie als charismatischen Dirigenten, der sein Orchester zu großer Leistung inspiriert. (…)

„Der Laudatus und sein Lebenswerk“ heißt es da im ersten Satz der Tondichtung. Leitmotiv und Lebensmotto von Reinfried Pohl ist stets gewesen, niemals zu resignieren, aus Rückschlägen um eine Erfahrung reicher gestärkt hervorzugehen. Am Beginn stand eine Vision: die Vision, die Vermögensbildung breiter Bevölkerungsschichten zu fördern und damit den Wohlstand zu mehren. Sie haben von der Allfinanz-Idee nicht nur gesprochen, sondern sie im besten Sinn praktiziert.

Nebenbei bemerkt: Der Begriff Allfinanz verkörpert einen der ganz wenigen deutschen Fachausdrücke, die auch in die angelsächsische Bankenterminologie Eingang fanden. Zu 99 Prozent verläuft dieser Transfer genau umgekehrt.

Diejenigen aus dem Auditorium, die Reinfried Pohl nicht näher kennen, werden sich jetzt ganz neugierig fragen: Welche menschlichen Qualitäten verbergen sich in diesem vitalen, erfolgreichen Visionär? Jeder, der enger mit ihm zu tun hat, weiß es. Trotz des überragenden wirtschaftlichen Erfolges liegen ihm Sparsamkeit und Bescheidenheit viel näher als Luxus und Schein. Im besten Sinne gilt für ihn: mehr Sein als Scheinen. (…)

Zum zweiten Abschnitt: „Der Laudatus und seine Widersacher". (…) Sie, Herr Dr. Pohl, wissen nur zu gut: Am Finanzdienstleistungsmarkt sind die Kundensegmente verteilt. Auf einem verteilten Markt Erfolg zu haben heißt, einen Verdrängungswettbewerb zu bestehen. Ein Verdrängungswettbewerb aber – so würde es die Wissenschaft ausdrücken – induziert Friktionen. (…) Ich empfehle den Mehrleistenden stets den philosophischen Spruch von Robert Lembke: Mitleid bekommt man geschenkt, Neid muss man sich verdienen. (…)

„Der Laudatus und seine Gefährtin" heißt es weiter bei Richard Strauss. (…) Wie es sich für einen Erfolgsmenschen gehört: Auch auf diesem Gebiet zeigt der Laudatus Durchsetzungsvermögen. Auch hier – so berichtet die Mär – fand ein Verdrängungswettbewerb statt. Mitbewerber waren dieses Mal allerdings nicht wendige Investmentbanker und mächtige Versicherungskonzerne, sondern forsche Jungunternehmer und smarte Jungprofessoren. Aus der Verbindung wurde eine beispielhaft glückliche Partnerschaft, bis zum heutigen Tag. (…)

„Friedenswerke und Nostalgie", so lautet die Fortsetzung bei Richard Strauss. (…) Die Philipps-Universität Marburg erfreut sich seit Jahren Ihrer generösen Unterstützung. Was sind die Motive für dieses Handeln? Sicherlich Loyalität und langjährige Verbundenheit zu Ihrer Alma Mater. Vielleicht aber auch eine Art Dankbarkeit für ein überaus erfolgreiches, glückliches Leben. (…)

Den letzten Satz umschreibt Richard Strauss mit den Worten „Ruhe, Ausgewogenheit und Vollendung“. Die Melomanen im Auditorium haben das Werk längst erkannt. Es handelt sich um die Tondichtung für großes Orchester „Ein Heldenleben“. (…)

Wir feiern heute mit Ihnen einen der bedeutendsten Unternehmensgründer der zweiten Hälfte unseres Jahrhunderts. Sie haben das erfolgreichste Unternehmen seiner Art nicht nur in Deutschland, in Europa aufgebaut. Mit der Vision und Umsetzung des Allfinanzkonzepts haben Sie Geschichte geschrieben. Ihre Heimatuniversität, im Besonderen die Vertreter der ehemaligen Rechts- und Staatswissenschaftlichen Fakultät, sind stolz auf Sie. Die Philipps-Universität drückt mit der Verleihung des Ehrensenators ihre Anerkennung für den erfolgreichsten Unternehmer aus, der in den letzten 50 Jahren aus ihr hervorgegangen ist.

Laudatio zu der Verleihung der Ehrensenatorwürde der Philipps-Universität Marburg an Dr. Reinfried Pohl am 23. Oktober 1998.

PROF. DR. DR. H. C. DUMITRU CIOCOI-POP

Rektor der Lucian-Blaga-Universität Sibiu (Hermannstadt) von 1992 bis 2004.

„Bekenntnis zu Menschenwürde und Menschenrechten"

Wir haben hier ein typisches Schicksal der deutschen Kriegsgeneration vor uns: durch den Krieg unterbrochene Schulausbildung im Dritten Reich, Soldat im letzten militärischen Aufgebot Hitlers, dennoch regulärer Schulabschluss nach Kriegsende, Vertreibung, erneute Flucht und endlich Absolvierung eines anspruchsvollen Studiums in der kürzestmöglichen Zeit.

Aus dem Schmerz und aus der Trauer über den millionenfachen Tod, aus dem bedrückenden Gedanken, was Menschen ihresgleichen antun können, und aus der Erfahrung des inneren Konflikts, in dem auch Reinfried Pohl damals stand, hat er seine Folgerungen gezogen. Als Antwort auf die schwere Schuld, die jene Zeit auf sich geladen hat, hat er sich zu Menschenwürde und Menschenrechten bekannt, zur sozialen Gesinnung, für die als Gradmesser seine Einstellung zur Verantwortung für seine Mitmenschen gelten kann, eine Verantwortung, aus der sich heute viele als entlassen fühlen. (…)

Die Lucian-Blaga-Universität freut sich darüber, dass Herr Reinfried Pohl ihre Aktivitäten seit mehreren Jahren durch namhafte Beträge unterstützt. Diese Aktivitäten erfolgten für die universitäre Öffentlichkeit wegen Herrn Reinfried Pohls persönlicher Bescheidenheit bisher gewissermaßen anonym. Aber seine gerade in den letzten Wochen erheblichen finanziellen Aufwendungen für den Fachbereich Medizin lassen es geboten erscheinen, nun den Namen des Mäzens öffentlich zu nennen. Er gründet solche Handlungen auf eine Moral, die ein vertieftes Verstehen des im ethischen Sinne Guten verschafft, und auf die geistige Freiheit eines in tätiger Nächstenliebe gereiften Daseins. (…)

Erlauben Sie mir bitte, an den Abschluss dieser Laudatio, gleichsam als Schlüssel des gesamten bisherigen Wirkens von Dr. Dr. h. c. Reinfried Pohl, eine Maxime von Michel de Montaigne zu stellen, der mit seiner systemfreien Erörterung moralphilosophischer Thesen zum Begründer der Moralistik wurde. Sie lautet: „Der auf großartige und herrliche Weise vollendete Mensch ist der, der nach seinem Zwecke zu leben versteht.“

Ethische Maximen als Lebensinhalte stärken aber auch die Gemeinschaften, und wir freuen uns, dass mit der heutigen Ehrung die Beziehungen zwischen unserer Universität und der Philipps-Universität Marburg, die ebenfalls auf einer Ethik der zwischenmenschlichen Stärke aufgebaut sind, noch enger werden.

Laudatio anlässlich der Verleihung der Ehrendoktorwürde der Lucian-Blaga-Universität Sibiu (Hermannstadt) am 7. November 2003.

PROF. DR. GILBERT GORNIG

Professor für Völkerrecht, Öffentliches Recht und Europarecht und Geschäftsführender Direktor am Institut für Öffentliches Recht an der Philipps-Universität in Marburg seit 1995; Dekan des Fachbereichs Rechtswissenschaften seit 2006.

„Eine beispiellose Unternehmerkarriere"

Zahlreich sind die Ehrungen, die Sie im Lauf Ihres langen Lebens erfuhren, so die Verleihung des Bundesverdienstkreuzes am Bande, die Verleihung der Wilhelm-von-Humboldt-Plakette, die Verleihung des Bundesverdienstkreuzes Erster Klasse, die Verleihung des Komturkreuzes des Burgenlandes Österreich durch den Ministerpräsidenten des Burgenlandes, die Verleihung des Großen Verdienstkreuzes des Verdienstordens der Bundesrepublik Deutschland – übrigens eine Auszeichnung, die bislang nur wenige Unternehmer bekommen haben – und die Verleihung des Großkreuzes des Verdienstordens der Republik Portugal für Leistungen in der Industriewirtschaft.

Erst vor wenigen Wochen erhielten Sie auch noch vom österreichischen Bundeskanzler Dr. Wolfgang Schüssel das Große Goldene Ehrenzeichen für die Verdienste um die Republik Österreich, das auch Kommandeurkreuz 1. Klasse genannt wird. Außerdem muss eine ganz besondere Würdigung erwähnt werden, nämlich die Ernennung zum Ehrensenator der Philipps-Universität Marburg durch den Präsidenten und den Senat der Universität.

Sie erfahren heute, lieber Herr Dr. Pohl, sicher nicht die letzte Ehrung in Ihrem Leben, aber, so meine ich, eine besonders schöne, denn man führt sie auch im Namen: die Würde eines Doktors honoris causa des Fachbereichs Rechtswissenschaften der Philipps-Universität Marburg.

Meine Damen und Herren, wir haben es bei dem Laureatus mit einer Unternehmerpersönlichkeit zu tun, wie sie unter den heutigen Bedingungen in der Bundesrepublik Deutschland vielleicht gar nicht mehr entstehen könnte. Es ist ein Selfmade-Man, der nicht auf das Ererbte der Eltern zurückgreifen konnte, sondern mit seiner eigenen Arbeit und seinen eigenen Ideen eine beispiellose Unternehmerkarriere vorlegte.

Wie so oft stand am Beginn eine Idee, eine klare Konzeption: Die Idee war, dass Millionen von Menschen in Fragen ihrer Absicherung und ihrer Vermögensbildung kompetente Beratung brauchen und einen Anspruch darauf haben, dass ihnen dabei fachkundig erstklassige Versicherungs-, Bank- und Bausparkassenprodukte angeboten werden.

Dr. Pohl war schon 47 Jahre alt, als er den Vorstandsposten der Assekuranz aufgab und den Versuch unternahm, als Unternehmer selbständig zu werden. Sicher haben Sie damals viele für verrückt erklärt. Uns mag es ein Trost sein, dass es auch dann, wenn wir schon längst die 40 Jahre überschritten haben, noch nicht zu spät ist, ein Vermögen zu erarbeiten.

Der Weg war risikoreich, denn die klassische Spartenteilung zwischen Versicherungen und Banken war althergebracht und sollte nun an der entscheidenden Schnittstelle der Kundenberatung überwunden werden. Sie, lieber Herr Dr. Pohl, haben damit den Markt überrascht und die Finanzwelt revolutioniert.

Aber nicht nur eine Idee, eine klare Konzeption war erforderlich, sondern auch Mitarbeiter, die Ihren Ansprüchen genügten. Sie haben es verstanden, in kürzester Zeit viele Mitarbeiter um sich zu scharen, die gut ausgebildet waren und ständig fortgebildet wurden. Es ist mir ein ganz besonderes Vergnügen, an dieser Fortbildung zusammen mit dem Fachbereich Rechtswissenschaften der Philipps-Universität mitwirken zu dürfen. (…)

Trotz dieses unglaublichen Erfolges ist Dr. Pohl bescheiden geblieben. Früher hat er als Jurastudent in Marburg Versicherungen verkauft, um sich und seine Mutter über die Runden zu bringen. Er hat davor noch Krieg, Vertreibung und Not erlebt, und dennoch hat er die Bodenhaftung nicht verloren. Er weiß daher auch um die Nöte der heutigen Universität, die ohne wohlwollende Sponsoren nicht überleben könnte.

Sihdi Reinfried Pohl Effendi ist nicht nur loyal gegenüber seinen Mitarbeitern und seiner Universität, sondern auch loyal gegenüber Karl May, den er – wie ich – noch heute mit Begeisterung liest und von dem er immer einige Bände mit auf Reisen nimmt. Er weiß – im Gegensatz zu vielen Studenten heute – sicher, wie der treue Begleiter von Kara Ben Effendi im Orient heißt.

Wer Sie, sehr verehrter Dr. Pohl, im Kreise Ihrer Mitarbeiter erleben durfte, hat gesehen, dass Ihnen die Arbeit Vergnügen bereitet, vielleicht sogar Hobby ist, und ich habe es, das gestehe ich, noch nie erlebt, dass Mitarbeiter ihren Chef, den „Doktor“, wie Sie von Ihren Mitarbeitern respektvoll genannt werden, so sehr verehren. Ich habe im Lauf der letzten Jahre mit vielen Ihrer Mitarbeiter gesprochen, und ich habe kein einziges Mal nur ein böses oder gar negatives Wort gehört. Nur Hochachtung und Verehrung wurden zum Ausdruck gebracht – und großer Stolz, mit Ihnen zusammenarbeiten zu dürfen.

Auch wir, sehr verehrter Herr Dr. Pohl, sind stolz darauf, mit Ihnen kooperieren zu dürfen. (…) Dr. Reinfried Pohl arbeitet gerne mit den Besten zusammen: der fünfmalige Formel-1-Weltmeister Michael Schumacher gehört daher zu seinen Partnern, aber auch der Fachbereich Rechtswissenschaften der Philipps-Universität Marburg: Fleiß, Leistungsstärke, Zielstrebigkeit, Dynamik und Flexibilität lassen sich mit beider Namen verbinden. Seit 1996 ist Dr. Pohl Hauptsponsor beim 1. FC Kaiserslautern, einem vor wenigen Wochen noch Beinahe-Absteiger, bei dem ohne das Engagement Pohls längst die Lichter ausgegangen wären. Hier verkneife ich mir Parallelen zur Philipps-Universität Marburg. (...)

Dr. Reinfried Pohl hat sich um den Fachbereich Rechtswissenschaften und um die Wissenschaft herausragende Verdienste erworben. Angesichts dieser Verdienste ist es dem Fachbereich Rechtswissenschaften der Philipps-Universität Marburg eine große Freude, aus dem großen Kreis ihrer Schüler Dr. Reinfried Pohl mit der Ehrendoktorwürde auszuzeichnen. Zugleich ist diese Erklärung, Herr Dr. Pohl, auch Ausdruck der Hoffnung, dass die wechselseitige Verbundenheit zwischen Ihnen und der Alma Mater Philippina dauerhaft gefestigt bleiben möge.

Laudatio anlässlich der Verleihung der Ehrendoktorwürde der Juristischen Fakultät der Philipps-Universität Marburg an Dr. Reinfried Pohl am 5. Juni 2005.

PROF. DR. RENATE KÖCHER

Mitglied der Geschäftsführung des Instituts für Demoskopie Allensbach seit 1988.

„Der Bedarf an Beratung steigt weiter"

Eins wird natürlich bleiben: das außerordentlich große Beratungsbedürfnis. Das wächst. Das wird nicht geringer, sondern größer. Die Bevölkerung hat den Eindruck, dass die Finanzangebote immer unübersichtlicher werden, dass gerade auch die Deregulierung des Versicherungsmarktes dazu geführt hat, dass eigentlich das Angebot noch unüberschaubarer geworden ist und dass von daher die qualifizierte Beratung noch wichtiger ist, als sie es bisher war.

Und es ist auch ganz klar, dass die große Mehrheit jetzt und in Zukunft auf qualifizierte Beratung baut. Sie will nicht selber zum Finanzexperten werden, nicht zum Versicherungsexperten und auch nicht zum Anlageexperten. Die große Mehrheit will hier einen kompetenten Fachmann oder die kompetente Fachfrau haben, eine Stelle, die sie anlaufen kann und die sie vertrauenswürdig berät. Das wird sich auch in den kommenden Jahren und Jahrzehnten nicht ändern. Wohl aber wird sich das ganze Informationsverhalten ändern, die Wege, auf denen man Kontakt suchen muss zu den Verbrauchern, werden sich deutlich verändern. Auch in diesem Bereich stehen wir also vor einer völligen Umbruchsituation, auf die wir uns frühzeitig einstellen müssen.

Wenn man alle anstehenden Veränderungen und notwendigen Korrekturen frühzeitig analysiert, als Herausforderung begreift und wenn man sich nicht auf ängstliches Abwarten zurückzieht und auf defensive Einstellungen und Verteidigung des Bestehenden, dann glaube ich, braucht niemandem bange zu sein. Wir dürfen nur nicht zu zögerlich sein. Wir müssen ein bisschen mutiger sein und vorausschauender sein. Dann mache ich mir keine Gedanken.

Gastreferat vor der Jahreshauptversammlung des Bundesverbands Deutscher Vermögensberater in der Jahrhunderthalle Frankfurt/Main am 12. Juni 1996.

PROF. DR. BERNHARD MAISCH

Dekan des Fachbereichs Medizin der Philipps-Universität Marburg von 2002 bis 2007.

„Uneigennützige, großzügige und großartige Unterstützung durch Dr. Pohl"

„Früher an später denken" – leider kein Satz von einem Präventionskardiologen aus Marburg, aber erfreulicherweise aus Marburg: von Ihnen, Herr Dr. Pohl, und ein Zukunftskonzept, das sich die Deutsche Vermögensberatung zu einem Leitspruch und zentralen Motto gemacht hat. Und das wir uns als Mediziner Buchstabe für Buchstabe und Wort für Wort ab- und hinter die Ohren schreiben können.

„Heute an morgen denken" – eine Abwandlung Ihres Leitspruchs, aber inhaltlich nahezu identisch. „Heute für morgen handeln" – das ist nur die Konsequenz aus Ihren Gedanken, die nicht nur in Büchern oder Aktenordnern abgelegt werden, sondern die umgesetzt werden täglich, von Tausenden Ihrer Mitarbeiter für Millionen von Bürgern.

Sie, lieber Herr Dr. Pohl, haben in vorbildlicher Weise aus Denken Handeln gemacht. Das haben Sie auch an vielen Stellen der etwas schwerfälligeren Alma Mater und dem Fachbereich voraus. Nicht vorschnell gehandelt, sondern nachgedacht und dann gehandelt, großzügig, oft ganz ungefragt, mit dem Gespür dafür, wo es nottut, wo Handeln und Hilfe Anschub zur Eigenaktivität und nicht zum bequemen Zurücklehnen sind. Ich finde das imponierend, zukunftsbezogen und verantwortlich weit über den eigenen, ohnehin schon weiten Horizont hinaus.

Das sind Eigenschaften eines Visionärs. Und ich füge mit Dankbarkeit hinzu: eines wahren Mäzens. Ich bin kein naiver Idealist, natürlich wird bei der Vermögensberatung Sicherheit avisiert, Zukunftsfähigkeit auch für schlechte Zeiten versprochen und gehalten und dabei auch Geld verdient. Und das ist richtig, denn Leistung hat ihren Preis. Dies gilt überall, auch für die Medizin. Gesundheit ist keine Selbstverständlichkeit, und sie ist nicht zum Nulltarif zu haben, ebenso wenig wie Zukunftssicherheit und Stetigkeit in Planung und Ausführung eines großen Unternehmens. (…)

Wir verdanken als Fachbereich Ihnen uneigennützige und großzügige, ja großartige Unterstützung, dem Klinikum allgemein, dem Fachbereich, den Kliniken für Urologie, Hals-Nasen-Ohren-, Augenheilkunde, Kinderheilkunde, Herzchirurgie und Kardiologie, und dies in mehrfacher Millionenhöhe für Forschung und Lehre, aber auch für die Krankenversorgung. Als Marburger Kardiologe und Dekan des Fachbereichs Medizin bin ich glücklich und dankbar, dass wir im nächsten Jahr die auf sieben Jahre ausgestattete Stiftungsprofessur Prävention von Herz-Kreislauf-Erkrankungen besetzen dürfen, deren Ausschreibungstext der Fachbereichsrat vor zwei Tagen einstimmig beschlossen hat und die Ihren Namen „Dr. Reinfried Pohl-Stiftungsprofessur“ tragen wird. (…)

Diese Professur soll in dem durch Mobilität wenig beeinflussten Marburger Umfeld, ähnlich wie Framingham in den USA, epidemiologische Daten zur Prävalenz der Herz-Kreislauf-Erkrankungen in Längs- und Querschnittuntersuchungen erfassen, auf dem Gebiet der Stoffwechselerkrankungen die Brücke zur aktiven Kardiologie schlagen, insbesondere auch zur interventionellen Kardiologie, die bei Herzinfarkt durch Stents und Ballondilatation „den medizinischen Feuerwehrmann“ spielt.

Prävention als primäre und sekundäre vorbeugende Maßnahme wird dieses sich im letzten Jahrzehnt dynamisch entwickelnde internistische Fach durch die Tätigkeit des „kardiologischen Gärtners“ in Rehabilitation und Prävention begleiten. Dies wäre ohne Ihre großzügige Stiftung nicht möglich. Damit verbessern Sie – getreu dem Motto „Heute an morgen denken" – den Wissenschaftsstandort Marburg in einer Zeit, in der Landesregierung, Aufsichtsrat und kaufmännische und ärztliche Leitung des Universitätsklinikums einem Spardiktat unterworfen sind. Ich halte dies wahrlich für eine außerordentliche, antizyklische Investition in die Zukunft unserer Universität und ihren Fachbereich Medizin, die beide auf 476 Jahre Geschichte zurückblicken. (…)

Ich hoffe als Dekan des Fachbereichs Medizin, dass von allen Ihren Ehrendoktorwürden, die Sie, Herr Dr. Dr. h. c. mult. R. Pohl, erhielten, Ihnen die medizinische Ehrenpromotion des Fachbereichs Medizin der Philipps-Universität Marburg eine Ehrung sein wird, die Ihnen besonders nahe am Herzen liegt.

Laudatio zur Verleihung der Ehrendoktorwürde der Medizinischen Fakultät der Philipps-Universität Marburg am 19. Dezember 2003.

PROF. DR. VOLKER NIENHAUS

Präsident der Philipps-Universität Marburg seit 2004.

„An der Universität Marburg ausgesprochen gegenwärtig“

Reinfried Pohl ist der am meisten von der Universität Marburg geehrte Ehemalige dieser Universität. (...) Aber bei der Wortwahl sind mir schon Bedenken gekommen. Man kann nicht sagen, dass Herr Pohl ein Ehemaliger der Philipps-Universität ist. Er ist ein ausgesprochen Gegenwärtiger dieser Universität, das zeigt seine anhaltende Unterstützung und sein andauerndes Engagement für diese Universität. (...)

Gemäß dem Humboldt'schen Ideal ist Universität in erster Linie Forschung und Lehre. Von daher verwundert es nicht, dass Herr Pohl sein dauerhaftes Augenmerk nun schon seit über einem Jahrzehnt auf einzelne Bereiche der Marburger Forschung und Lehre legt. Ich darf hier nur die beiden wichtigsten Fachbereiche nennen: zum einen die Rechtswissenschaften – was könnte auch dem hier in Marburg promovierten Juristen Pohl näher liegen? Die nach ihm benannte, 1997 mit großzügigen Stiftungseinlagen ausgestattete Stiftung hat den Zweck, Wissenschaft und Forschung durch die Förderung der Philipps-Universität Marburg, insbesondere deren Fachbereich „Rechtswissenschaften“ und dessen „Forschungsstelle für Finanzdienstleistungsrecht“ zu fördern.

Insbesondere die Forschungsstelle für Finanzdienstleistungen ist eine bemerkenswerte Forschungsstelle. Natürlich kann die mittelgroße Universität Marburg nicht mit der ganz großen Universität Frankfurt, die auch noch in der Bankenmetropole angesiedelt ist, konkurrieren, soweit es um die Bankwirtschaft geht. Aber der Sektor der Finanzdienstleistungen außerhalb der Bankwirtschaft, der ist ein Profilelement hier in Marburg.

Bei den Finanzdienstleistungen geht es eben auch um Versicherungen und Bausparkassen, andere „Nicht-Bank-Finanzaktivitäten".

Die Forschungsstelle ist für uns insofern auch eine wichtige Einrichtung, als sie interdisziplinär, nämlich zwischen Rechts- und Wirtschaftswissenschaften arbeitet. Zudem ist sie gerade dabei, zusammen mit neun weiteren Universitäten aus Ost- und Westeuropa einen Studiengang aufzubauen. Das ist ganz zweifellos ein Profilelement der Universität, das, so glaube ich, ohne Ihr Engagement nicht möglich wäre.

Zur Verleihung der Ehrenbürgerwürde
am 15. Dezember 2006 im Marburger Rathaus.

PROF. DR. DR. H. C. WERNER SCHAAL

Präsident der Philipps-Universität Marburg von 1994 bis 2000.

„Ein Unternehmerbeispiel, an dem man sich orientieren kann"

Die Philipps-Universität hat nur wenige Ehrungen zu vergeben. Es sind dies die silberne und goldene Philipps-Plakette und die Ehrensenatorwürde. (...) Diese Auszeichnungen werden zuerkannt für besondere Verdienste um die Universität. Ich betone ausdrücklich, dass die Würde eines Doctor honoris causa keine Ehrung der Universität ist, sondern eine solche, die von den Fachbereichen verliehen wird, und zwar nur für herausragende wissenschaftliche Verdienste. Dies ist bei manchen Universitäten anders, wo eine Ehrung durch den Dr. h. c. auch für nicht ausschließlich wissenschaftliche Leistungen erfolgen kann.

Die Ehrensenatorwürde ist über viele Jahrzehnte von unserer Universität verliehen worden. (...) Sie, verehrter Herr Dr. Pohl, sind der Zweite, dem die Universität nach Wiederaufnahme dieser ehrwürdigen Tradition diesen Titel verleiht. (...) Wie viele andere Fachbereiche auch, ist der Fachbereich Rechtswissenschaften durch die seit Jahren anhaltende Kürzung der Mittel im Bereich Forschung und Lehre nachhaltig betroffen. Ganz besonders beim Erwerb von wissenschaftlicher Literatur. Die finanziellen Einschnitte gefährden inzwischen wesentlich den ordentlichen Studienabschluss der Studierenden in diesem Fach.

Hier hat Herr Pohl durch eine nach ihm benannte, außerordentlich groß dotierte Stiftung beigetragen mit dem Ziel, Lücken beim Kauf von Literatur zu schließen. Da inzwischen Sach- und Hilfskraftmittel und umgekehrt übertragbar sind, hat das selbstverständlich auch Auswirkungen auf die Einstellung studentischer und wissenschaftlicher Hilfskräfte.

Die Auflage der Landesregierung, zwischen 1995 und 1998 insgesamt etwa 120 Stellen bei der Universität Marburg einzusparen, hat dazu geführt, dass Reduzierungen im Fächerspektrum der Philipps-Universität vorzunehmen sind. Während man große Fachbereiche verkleinern, personell – ich sage einmal: abschmelzen kann, ohne gleich ihre Existenz zu gefährden, geht dies kaum in den sogenannten kleinen Fächern, die häufig nur von einer einzigen Person wissenschaftlich vertreten werden. Mit der Abgabe einer Stelle ist hier gleich ein ganzes Fach gelöscht. Wir mussten uns nach langen und reiflichen Überlegungen dazu entschließen, das einzige Lektorat in Portugiesisch aufzugeben. Damit wäre das Erlernen der portugiesischen Sprache in Marburg nicht mehr möglich gewesen, und das zu einem Zeitpunkt, meine Damen und Herren, da Europa zusammenwächst. Eine Zuwendung von Herrn Dr. Pohl hat das Fach für fünf weitere Jahre gerettet, das heißt, um es konkret zu sagen, Herr Pohl hat die Finanzierung eines Lektors für diesen Zeitraum garantiert.

Seit mehreren Jahren versuchen wir, einen den modernen Bedürfnissen angemessenen Rahmen für die Selbstdarstellung der Universität nach innen und nach außen zu finden. Wir streben an, über moderne Medien, zum Beispiel das Internet, über eine sowohl Studierende als auch Ehemalige der Universität ansprechende Publikation, etwa ein Wissenschaftsjournal, die Bindung an unsere Alma Mater enger zu machen. All das kostet Geld. Vor allem aber auch zusätzliches Fachpersonal. Herr Pohl hat es uns ermöglicht, dieses ehrgeizige Projekt in Angriff zu nehmen. Er finanziert für mehrere Jahre die Stelle eines Wissenschaftsjournalisten.

Und ganz zum Schluss: Ein in den heutigen Zeiten mit öffentlichen Mitteln undurchführbares Projekt machte Herr Pohl möglich. Wir konnten die Orgel in unserer schönen alten Aula wieder bespielbar machen, und wir können das über 40 Jahre alte Gestühl durch neues ersetzen. Nun können wir, sitzend auf neuen Stühlen, Klänge aus unserer alten Orgel genießen. Wir verdanken aber Herrn Pohl darüber hinaus auch sehr viel Werbung für unsere nun seit 471 Jahren bestehende Universität bei den ihm nahestehenden Wirtschafts- und Industrieführern. Solche zunächst immaterielle Unterstützung wird uns sicherlich erst im Lauf der Zeit positive Auswirkungen zeigen.

Lieber Herr Pohl, nach Durchlaufen mancher verschlungener Wege haben Sie sich Anfang der 70er Jahre zu einem selbständigen Unternehmer entwickelt. Sie sind, um es mit einem Terminus auszudrücken, der seit kurzer Zeit in aller Munde ist, zu einem Existenzgründer geworden, zu einem erfolgreichen zudem. Gerade vor wenigen Tagen haben der Oberbürgermeister Möller und ich in einer Pressekonferenz die Gründung eines Vereins mit dem komplizierten Namen „Gesellschaft zur Förderung des Marburger Förderzentrums für Existenzgründer aus der Philipps-Universität" angekündigt. (...) Ziel des Vereins und der Stiftung ist es, jungen Leuten schon auf den Universitäten Mut zu machen, nach Abschluss ihres Studiums ein eigenes Unternehmen zu gründen. Hier bedarf es, außer großen Mutes, vor allem gewisser Grundkenntnisse, um einen solchen Schritt ohne zu schnelle Absturzgefahr tun zu können. (...) Sie, Herr Pohl, werden uns zweifellos als ein Unternehmerbeispiel dienen, an dem man sich orientieren kann. (...)

Ich hoffe, es ist mir gelungen, die enge Verbundenheit Herrn Pohls mit unserer Universität und ihren aktuellen Problemen deutlich zu machen. Wir anerkennen dieselbe mit der Verleihung der Würde eines Ehrensenators.

Laudatio zur Verleihung der Ehrensenatorwürde der Philipps-Universität Marburg an Dr. Reinfried Pohl am 23. Oktober 1998.

Reinfried Pohl im Urteil bedeutender Zeitgenossen

Stimmen aus dem Sport

MICHAEL SCHUMACHER

Siebenfacher Weltmeister in der Formel 1.

„Echter Teamgeist bei der DVAG“

Ich komme immer gerne zu Ihnen, lieber Herr Dr. Pohl, und zwar als Freund. Und ich schätze das Zusammensein mit Ihren Vermögensberatern. Denn hier herrscht echter Teamgeist.

Bei der Vertriebskonferenz der Deutschen Vermögensberatung AG in der Festhalle Frankfurt/Main am 15. November 2007.

„Positive Energie“

In besonderer Erinnerung geblieben sind mir (…) die großartigen Veranstaltungen der Deutschen Vermögensberatung, bei denen ich dabei sein konnte. Diese positive Energie hat mich jedes Mal begeistert. Das Bemerkenswerte: Ich habe mich nicht nur sehr wohl gefühlt, sondern auch Anregungen für meine eigene Motivation und Zielsetzung bekommen.

Die Verlängerung der Partnerschaft zeigt mir ein starkes Vertrauen der Deutschen Vermögensberatung in meine Person. Wir haben keine Partnerschaft, die sich nur auf meine sportliche Karriere bezieht, sondern eine intensive persönliche Verbundenheit. Ich bin mir sicher, dass ich der Deutschen Vermögensberatung auch nach meiner aktiven Zeit als Sportler – wann immer das auch sein mag – hilfreich sein kann.

Interview im März 2006.

„Mehr Freunde als Partner"

Unsere Verbindung ist längst mehr als nur eine berufliche – wir sind mehr Freunde als Partner. (…)

Schließlich ist unser gemeinsames Motto: Früher an später denken. Das ist im Sport genauso richtig wie bei der Vermögensplanung.

Anlässlich der Verlängerung des Vertrags
mit der Deutschen Vermögensberatung, 2005.

„Das Wichtigste ist das Team"

Mit Familie Pohl und der Deutschen Vermögensberatung verbinde ich weit mehr als eine gute Partnerschaft. Wir sind über die Jahre gute Freunde geworden. Es geht mir so wie Ihnen: Das Wichtigste ist das Team. Nur im Team lässt sich Großes erreichen. Und genauso wie Sie habe auch ich nicht die Erfolge der Vergangenheit, sondern immer die nächste Etappe, das nächste Rennen im Auge. Nur so lässt sich Höchstleistung erzielen.

Bei der Vertriebskonferenz der Deutschen Vermögensberatung
in der Festhalle Frankfurt/Main am 18. November 2004.

MICHAEL HENKE

Assistenztrainer bei Bayern München von 1998 bis 2004 und seit 2007; Trainer des 1. FC Kaiserslautern im Jahr 2005.

„Ein vitaler, freundlicher Chef"

Es war interessant, Herrn Dr. Pohl Anfang Juli beim VfB Marburg als einen sehr vitalen, offenen und freundlichen Unternehmenschef kennenzulernen. Schon von diesem Eindruck würde ich von einer bemerkenswerten Persönlichkeit sprechen. (…)

Wie bei einer Mannschaft, so ist auch in dieser Verbindung zwischen Hauptsponsor (Deutsche Vermögensberatung seit 1998) und Verein eine gewachsene und gefestigte Partnerschaft von großem Vorteil. Die lange Zeitspanne ist sicherlich auch ein Ausdruck der Zuverlässigkeit. Gerade rund um das Testspiel in Marburg habe ich einiges über die großzügige Unterstützung des 1. FC Kaiserslautern durch die Deutsche Vermögensberatung gehört, vor allem in besonders schwierigen Zeiten. Bekannt war mir die Deutsche Vermögensberatung auch vorher schon, allerdings noch nicht so wie jetzt; aber zum Beispiel auch durch die Kappe von Michael Schumacher. (…)

Erfolgreich zu sein muss im professionellen Sport natürlich immer die vorrangige Ausrichtung sein, wobei erfolgreiches Arbeiten nicht immer an Titeln und Trophäen gemessen werden muss, sondern auch am Erreichen der individuell gesetzten Ziele. Und dem Erfolg muss sich in einem Mannschaftssport jeder Einzelne unterordnen. Was den Weg zum Erfolg gefährdet, kann ich als verantwortlicher Trainer nicht dulden.

Interview zum Sport-Sponsoring der DVAG und zur ersten Begegnung mit Reinfried Pohl, September 2005.

RENÉ C. JÄGGI

Vorstandsvorsitzender des 1. FC Kaiserslautern von 2002 bis 2006.

„Eine außergewöhnliche Partnerschaft"

Die Auszeichnung von Dr. Reinfried Pohl erfolgt in Anerkennung seines außerordentlichen Engagements für den 1. FC Kaiserslautern, bei dem er immer die treibende Kraft war und ist, und darüber hinaus als Dankeschön für eine ebenso außergewöhnliche Partnerschaft, die weit über eine rein geschäftliche Zusammenarbeit hinausgeht.

Dieses besondere Miteinander von Deutscher Vermögensberatung und 1. FC Kaiserslautern wurde vor allem in den kritischen Situationen der Vereinsgeschichte überaus deutlich.

Anlässlich der Verleihung der Ehrenmitgliedschaft des 1. FC Kaiserslautern in Marburg am 26. April 2003.

JOACHIM „JOGI" LÖW

Seit Sommer 2006 Trainer der deutschen Fußball-Nationalmannschaft.

„Erfolgreiche Fußballer und erfolgreiche Vermögensberater haben vieles gemeinsam"

Ich bewundere nicht nur das unternehmerische Wirken der Familie von Professor Dr. Reinfried Pohl. Erfolgreiche Fußballspieler und erfolgreiche Vermögensberater haben vieles gemeinsam. Beide zeichnet eine Top-Ausbildung, eine überdurchschnittlich hohe Motivation und die Fähigkeit aus, gemeinsam große Ziele und Erfolge anzustreben – der Fußballer mit seinen Mitspielern, der Vermögensberater mit seinen Kunden. Sie bestechen durch höchste Disziplin und einen respektvollen Umgang mit- und untereinander.

Statement zum Beginn seiner dreijährigen Partnerschaft mit der Deutschen Vermögensberatung AG am 14. Dezember 2007.

OTTO REHHAGEL

Fußball-Nationaltrainer Griechenlands seit 2001, Trainer des 1. FC Kaiserslautern von 1996 bis 2000.

„In der Champions League“

Zum 25-jährigen Bestehen der Deutschen Vermögensberatung möchte ich meinem lieben Freund, Herrn Dr. Reinfried Pohl, und allen Mitarbeitern die herzlichsten Glückwünsche aussprechen. Goethe hat einmal gesagt: Nichts gibt uns mehr Aufschluss über uns selbst, als wenn wir das, was vor einigen Jahren von uns ausgegangen ist, wieder vor uns sehen.

Wenn Sie heute zurückschauen, lieber Herr Dr. Pohl, können Sie stolz auf ein Lebenswerk blicken, das in Bezug auf Größe, Wachstum und Zukunftschancen Maßstäbe gesetzt hat. Gäbe es eine Champions League für Unternehmen, wären Sie und Ihre 21 000 Vermögensberater ein heißer Titelaspirant. Schließlich ist Ihr eigenständiger Finanzvertrieb die weltweite Nummer eins. Das ist ein grandioser Erfolg, der zugleich Ansporn und Verpflichtung für die Zukunft ist. Auch ich bin stolz darauf, Ihr Partner zu sein.

Gratulation zum 25. Jubiläum der Deutschen Vermögensberatung AG im Jahr 2000.

Reinfried Pohl im Spiegel der Medien

Der Erfolgreiche

„DVAG deklassiert Konkurrenten“

Die Deutsche Vermögensberatung (DVAG) hat bei der Übernahme der Vertreterorganisation der Versicherungsgruppe Aachen-Münchener 92 Prozent des Vertragsbestandes fest akquirieren können. (...) Von 1300 Versicherungsagenturen der zu AMB Generali gehörenden Aachen-Münchener wechselten 1030 zur DVAG. (...)

Ohne die AMB-Vertreter erzielte Pohls Vertriebstruppe aus 33 500 haupt- und nebenberuflichen Vertretern 2007 einen Rekordumsatz von 1 Milliarde Euro. Gegenüber dem Vorjahr entsprach dies einem Zuwachs von 13,8 Prozent. Das steht im krassen Gegensatz zu den Zahlen der börsennotierten Wettbewerber. AWD erzielte in den ersten neun Monaten des Jahres einen Umsatz von 563 Millionen Euro und wollte seine ursprüngliche Zuwachsprognose von zehn Prozent im Gesamtjahr nicht bekräftigen. Bei MLP gingen die Erträge im Maklergeschäft in den ersten neun Monaten um drei Prozent zurück. (...)

„DVAG deklassiert Konkurrenten“,
Financial Times Deutschland, 22. November 2007.

Umsatz von mehr als einer Milliarde

Die Deutsche Vermögensberatung AG (DVAG), Frankfurt, wird 2007 einen Umsatz von mehr als einer Milliarde Euro erzielen. „Damit haben wir im laufenden Jahr ein Plus von mehr als 12 Prozent gegenüber dem Vorjahr erreicht“, sagte Reinfried Pohl, Vorstandsvorsitzender des Finanzberaters, am Dienstagabend in Frankfurt.

„DVAG wird 07 Umsatz von mehr als 1 Mrd EUR erzielen“,
Dow Jones, 21. November 2007.

Reinfried Pohl in Hochform

Die DVAG wird alleiniger Verkaufskanal der Versicherung Aachen-Münchener. Ein Grund zum Feiern – zumindest für einen. Reinfried Pohl war in Hochform. „Ich will mich ja nicht selbst loben“, sagte der Chef des Finanzvertriebs. Wenn er das nicht ausdrücklich gesagt hätte – man hätte es kaum gemerkt. Der Erfolg gebe ihm recht, so Pohl. Der vor 50 Jahren begonnene Weg, mit Hilfe von speziellen Vertriebsorganisationen Versicherungen und Finanzverträge zu verkaufen, sei anderen Vertriebsformen überlegen.

Der 78-Jährige feierte den Sieg. Zusammen mit Walter Thießen, Deutschland-Chef der AMB Generali, und Michael Westkamp, Chef der AMB-Tochter Aachen-Münchener (AM), gab Pohl gestern eine Pressekonferenz. Ort war das der AMB gehörende vornehme Schlosshotel Bensberg. Pohl, Thießen und Westkamp verkündeten, was alle schon wussten: Die Aachen-Münchener wird ihren eigenen Vertrieb stilllegen. Ihre Vertreter gehen in die Gesellschaft Allfinanz über, die ab 2008 zu 100 Prozent der DVAG gehört. Die DVAG wiederum wird der einzige Vertriebsweg für den Versicherer. Mehrheitsbesitzer der DVAG ist Pohl, knapp 50 Prozent hält die AMB Generali.

„Ich muss die Mitarbeiter erst katholisch machen“, sagte er mit Blick auf die bisherigen AM-Mitarbeiter – sie müssten die DVAG-Philosophie lernen. (…) Eine Abhängigkeit der AM von der DVAG und ihren ureigenen Interessen – zum Beispiel an besonders provisionsträchtigen Angeboten – sieht Thießen nicht. Pohl machte aber sofort klar, wer bestimmt: „Zweifel an der Qualität meiner Produkte sind unangebracht.“

„Siegesfeier auf Schloss Bensberg“,
Financial Times Deutschland, 28. November 2006.

Ritterschlag für Reinfried Pohl

Reinfried Pohl, Gründer des Finanzvertriebs Deutsche Vermögensberatung AG (DVAG) und ein Liebhaber markanter Formulierungen, gibt sich bei dieser Pressekonferenz zunächst ungewöhnlich wortkarg. Dabei ist es sein Triumph. Schließlich übernimmt sein Vertrieb künftig exklusiv den Absatz der Aachen-Münchener-Policen. Damit macht sich ein Versicherer in Deutschland erstmalig von einem Finanzvertrieb abhängig.

Schon rein äußerlich ist die Veranstaltung eine kleine Sensation. Erstmals präsentiert sich AMB Generali, vertreten durch die Chefs Walter Thießen und Michael Westkamp, gemeinsam mit Pohl auf einem Podium. „Das gab es noch nie in unserer dreißigjährigen Zusammenarbeit“, bemerkt Thießen. Zwar hatten die Aachen-Münchener-Chefs die Erfolge des Vertragspartners DVAG regelmäßig über die Jahre gelobt, doch stets noch einen Anschein von Unabhängigkeit demonstriert, wenn sie auf eine mögliche Abhängigkeit von DVAG angesprochen wurden. Damit ist Schluss. Künftig verkauft nur noch einer die Policen der Aachen Münchener: Pohl und seine 32 000 Verkäufer. (…)

Für Pohl ist dieser Akt eine Art Ritterschlag. Schließlich verfügt sein Finanzvertrieb damit als erster in Deutschland über einen exklusiven Produktlieferanten. Das ist ein Erfolg für ihn, der Anerkennung wie ein trockener Schwamm aufzusaugen scheint. Bis heute lässt Pohl Kritik an seinem Geschäftsmodell eines eigenständigen Vertriebes für Finanzprodukte nicht kalt. Schon die immer wieder gewählten Bezeichnungen wie Strukturvertrieb oder Drückerkolonne für seine Verkäufer ärgern ihn maßlos. In seiner Lesart ist er nicht weniger als der Gründer des erfolgreichsten deutschen Finanzvertriebs, er habe Finanzgeschichte geschrieben. (…)

Jeden Monat führen Pohls Verkäufer 300 000 bis 400 000 Gespräche, jeden Monat unterschreiben 150 000 Kunden. Dadurch sei die DVAG eines der „größten Meinungsforschungsinstitute in Deutschland“, sagt er. Schnell wüssten seine Verkäufer, was die Leute im Lande wollten oder ablehnten. Solches Wissen ist viel wert. Künftig braucht Pohl sich dieses Wissen nicht mehr mit anderen zu teilen, anders als bisher, wo auch die hauseigenen Verkäufer der Aachen Münchener davon profitierten. „Die Makler und Mehrfachagenten haben sich die Rosinen herausgepickt. Das war nicht toll", klagt Pohl, der nach mehr als einer Stunde die Pressekonferenz dominiert, so wie seine DVAG künftig die Aachen Münchener.

„Revolutionär des Versicherungsmarktes",
Süddeutsche Zeitung, München, vom 28. November 2006.

„Pohl hat seinen Kampf gewonnen"

Der unternehmerische Erfolg hat Pohl reich gemacht. Mit einem Vermögen von 1,7 Milliarden Euro zählt er zu den hundert wohlhabendsten Deutschen. Sein Freundeskreis ist klein, aber illuster: Ex-Bundeskanzler Helmut Kohl gehört ebenso dazu wie Rennfahrer Michael Schumacher, dessen Sponsor die DVAG ist und der Pohl als „väterlichen Freund und Ratgeber" bezeichnet.

Pohl könnte sich nach jahrzehntelangem, erfolgreichem Schaffen zufrieden in sein jüngst gekauftes Haus in Kampen auf Sylt zurückziehen – wäre da nicht dieses unselige Attribut. Dieses Schimpfwort, das sein Lebenswerk verunglimpft und an ihm und seinen DVAGlern klebt wie Kaugummi an einer Schuhsohle: Drückerkolonne!

Es waren Verbraucherschützer, die das Schmähwort erfanden, für die vielen provisionsgeilen Klinkenputzer, die Menschen an der Haustür überflüssige Versicherungen „reindrücken". Das war nicht direkt auf die DVAG gemünzt, sondern auf Vertreter allgemein, die alle mit dem Schmuddelimage zu kämpfen haben. Aber Pohls Truppe ist nun einmal eine der größten in dem Geschäft. (…)

Wer Pohl verstehen will, der muss ihm folgen – hinein in die etwas plüschige, schon fast altmodische Welt der DVAG. Eine Welt, in der Konferenzräume aussehen wie Wohnzimmer aus den 80er Jahren mit viel blank poliertem Messing und Rauchglasspiegeln an den Wänden; eine Welt, in der Führungskräfte Titel wie „Kapitän" oder „Admiral" tragen und für besondere Leistungen in Massenveranstaltungen mit goldenen Adlern ausgezeichnet werden; eine Welt, in der kein CEO regiert, sondern „der Doktor". So wird Pohl, promovierter Jurist, von allen im DVAG-Reich ehrfurchtsvoll genannt.

In einem Alter, in dem andere den Ruhestand genießen, denkt Pohl nicht daran kürzerzutreten. Die Arbeit scheint für ihn, der nach eigenem Bekunden keine Hobbys hat und den alljährlichen Familienurlaub in Dubai damit verbringt, Akten unter einer Palme zu studieren, eine Art Jungbrunnen zu sein: Der DVAG-Chef geht locker für Mitte 60 durch, hat kaum einen Bauchansatz. Unter schweren Lidern blicken wach und konzentriert blaue Augen.

Pohl ist ein Menschenfänger. Einer, der herzlich auf andere zugeht; einer, der gern lacht und der trotz seines Erfolgs ohne Dünkel geblieben ist, selbst den Pförtner beim Namen kennt. (…)

Es ist nicht so, dass Pohl die Macht, die er hat, zu genießen scheint. Ebenso wenig wie das viele Geld. Aber er hat oft genug erfahren, „wie Geld, Macht und Anerkennung zusammenhängen: Die Anerkennung kommt zuletzt." Hätte der Mann seine Erfolgsgeschichte nicht ausgerechnet in der Vertriebsbranche geschrieben, sondern im Maschinenbau, im Computergeschäft oder selbst im Bankwesen – er wäre vermutlich längst zum Vorzeigeunternehmer avanciert.

So aber kämpft Pohl weiter. Obwohl Verbraucherschützer mittlerweile zugestehen, dass die Beratungsqualität bei der DVAG oft genauso gut sei wie bei Banken und Sparkassen; obwohl die Stadt Marburg, deren höhere Gesellschaft Pohl einst schnitt, ihn jüngst zum Ehrenbürger ernannte; obwohl die DVAG derart erfolgreich Deutsche-Bank-Produkte vertreibt, dass Konzernchef Josef Acker-

Als Student hat Reinfried Pohl für Fritz Walter und den 1. FC Kaiserslautern geschwärmt. Als die „Roten Teufel" in den neunziger Jahren in Schwierigkeiten kamen, sprang die Deutsche Vermögensberatung AG helfend ein. 2003 trug FCK-Vorstandsvorsitzender René C. Jäggi dem Förderer Reinfried Pohl die Ehrenmitgliedschaft an.

50 Jahre nach seiner Promotion zum Dr. jur. wird Reinfried Pohl von der Marburger Universität zum „Doktor der Rechte ehrenhalber" ernannt. Die Juristen der Philipps-Universität würdigen unter anderem Reinfried Pohls Verdienste um das neue Fach „Finanzdienstleistungsrecht". Dekanin Professor Dr. Monika Böhm überreicht dem „doppelten Doktor" die Urkunde.

Die Großzügigkeit des „Doktors" kennt keine Grenzen. Aufgrund der engen Kontakte der Marburger Universität zur Lucian-Blaga-Universität in Sibiu (Hermannstadt) unterstützt Reinfried Pohl auch diese rumänische Hochschule. Sie zeichnete ihn 2003 mit dem Titel des Ehrendoktors aus. (Rechts: Rektor Professor Dr. Dumitru Ciocoi-Pop.)

Der dritte Ehrendoktor-Titel im Jahr 2003: Die Philipps-Universität Marburg ernennt ihren ebenso erfolgreichen wie großzügigen ehemaligen Studenten zum Ehrendoktor des Fachbereichs Medizin. Dekan Professor Dr. Bernhard Maisch würdigte die Bereitschaft des neuen Ehrendoktors, „Visionen auch im Bereich der Medizin zu verwirklichen".

Auf den Deutschlandtreffen der Deutschen Vermögensberatung AG sprechen immer besonders prominente Vertreter aus der Politik. 2004 in Erfurt war Angela Merkel, die damalige Vorsitzende der CDU/CSU-Bundestagsfraktion und Bundesvorsitzende der CDU, gefeierter Gastredner.

Zwei Familien-Unternehmer: In Dr. Sergio Balbinot, dem Vorstandsvorsitzenden der italienischen Generali-Gruppe, hat Reinfried Pohl einen kongenialen Partner gefunden. Auch privat stimmt die „Chemie", wie dieses Familienfoto mit Anneliese Pohl und den Söhnen Reinfried junior (ganz rechts) und Andreas (ganz links) zeigt.

Es wird hart gearbeitet bei der Deutschen Vermögensberatung. Aber es wird auch gerne gefeiert, wenn es etwas zu feiern gibt. Dafür, dass Leistung sich lohnt, hat Reinfried Pohl ein wohl einzigartiges System entwickelt. Den besten und erfolgreichsten Vermögensberatern winken unter anderem Traumreisen, zu denen auch die Ehegatten und Partner eingeladen werden. Zum Beispiel bei der Feier des 30-jährigen Firmenjubiläums im Jahr 2005: Mit drei AIDA-Schiffen brachen 4000 Vermögensberater samt Lebenspartnern zu einer Sternfahrt durchs Mittelmeer auf. Im Hafen von Valletta auf Malta genossen dann alle ein unvergessliches Geburtstags-Feuerwerk.

Reinfried Pohl erzählt aus seinem bewegten Leben, von seinem entbehrungsreichen Aufstieg, von seinen vielen Erfolgen und manch bitterer Niederlage. Aus vielen Gesprächen mit dem Journalisten Hugo Müller-Vogg entstand so im Jubiläumsjahr 2005 die Gesprächsbiographie „Ich habe Finanzgeschichte geschrieben".

Die Buchpräsentation in Frankfurt führte viele Prominente aus Wirtschaft, Politik und Gesellschaft zusammen. Das Buch wurde zum Bestseller: Von seinen vier Auflagen wurden mehr als 100 000 Exemplare verkauft. Unser Bild zeigt den „Titelhelden" Reinfried Pohl mit Hugo Müller-Vogg (Mitte) und Willi Weber, dem Manager von Pohl-Freund Michael Schumacher.

Für wichtige Persönlichkeiten nimmt sich auch eine vielbeschäftigte Kanzlerin Zeit. Angela Merkel lud schon im ersten Amtsjahr Reinfried Pohl und seine Familie ins Kanzleramt ein. Ein Zeichen der hohen Wertschätzung und eine Auszeichnung außerhalb der Ordens-Richtlinien.

Wenn Reinfried Pohl ruft, kommen alle gern. Im November 2006 begrüßt er den rheinland-pfälzischen Ministerpräsidenten Kurt Beck zu einer Tagung in Frankfurt. Das Thema heißt Vermögensbildung. Der Sozialdemokrat Beck und das CDU-Mitglied Pohl haben privat eines gemeinsam: Beide sind sie Fans des 1. FC Kaiserslautern.

Michael Schumacher ist der erfolgreichste Formel-1-Fahrer aller Zeiten. Und damit der passende Werbepartner des weltweit größten eigenständigen Finanzvertriebs – der DVAG. Hier pflanzt er in Pannonia zusammen mit Reinfried Pohl und Sohn Andreas einen Baum – Symbol für eine dauerhafte Verbindung, geschäftlich wie privat.

1948 kam Reinfried Pohl nach Marburg – als mittelloser Flüchtling aus der Sowjetischen Besatzungszone (SBZ). In der Universitätsstadt an der Lahn wurde er heimisch und im Laufe der Jahrzehnte zum wirtschaftlich wohl erfolgreichsten Marburger in der jüngeren Stadtgeschichte. Auch hat kein anderer Bürger in den vergangenen 50 Jahren in dieser Stadt so viele Einrichtungen und Vereine so großzügig gefördert wie Reinfried Pohl. Am 15. Dezember 2006 ehrte Marburg seinen großen Sohn mit der Verleihung der Ehrenbürgerwürde. Ein besonderer Tag für den Geehrten – aber auch für Oberbürgermeister Egon Vaupel (links).

Die bisher höchste deutsche Auszeichnung: Im Jahr 2006 zeichnete Bundespräsident Dr. Horst Köhler den Unternehmer und Mäzen Dr. Reinfried Pohl mit dem „Großen Verdienstkreuz mit Stern des Verdienstordens der Bundesrepublik Deutschland“ aus – eine nur selten verliehene Stufe dieses Ordens. Der hessische Ministerpräsident Roland Koch nahm die Auszeichnung in der Wiesbadener Staatskanzlei vor. Ein weiterer großer Tag für Reinfried Pohl und seine Frau Anneliese.

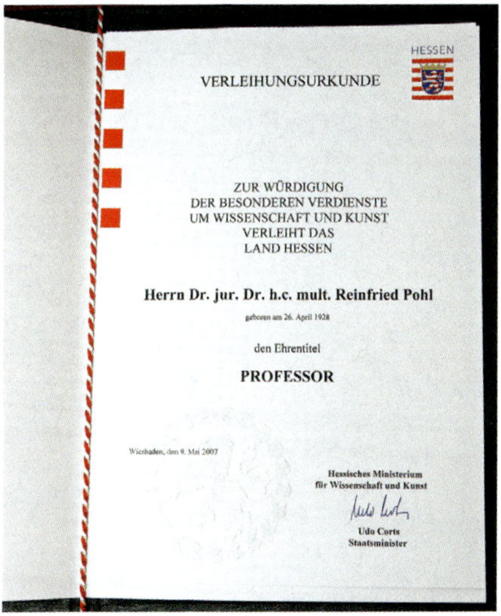

HESSEN

VERLEIHUNGSURKUNDE

ZUR WÜRDIGUNG
DER BESONDEREN VERDIENSTE
UM WISSENSCHAFT UND KUNST
VERLEIHT DAS
LAND HESSEN

Herrn Dr. jur. Dr. h.c. mult. Reinfried Pohl

geboren am 26. April 1928

den Ehrentitel

PROFESSOR

Wiesbaden, den 9. Mai 2007

**Hessisches Ministerium
für Wissenschaft und Kunst**

**Udo Corts
Staatsminister**

Seit Mai 2007 darf Reinfried Pohl den Ehrentitel Professor tragen. Damit ehrte das Land Hessen seine herausragenden Verdienste um die Förderung von Wissenschaft und Kunst. Wissenschaftsminister Udo Corts (links) sagte bei der Verleihung dieser hohen Auszeichnung: „Sie sind für uns alle ein Vorbild." Gleichwohl bleibt Professor Dr. jur. Dr. h.c. mult. Reinfried Pohl für seine Mitarbeiter, was er immer war: „unser Doktor".

Ein Bild, das um die Welt ging: Die Staats- und Regierungschefs beim G-8-Gipfel im Sommer 2007 in Heiligendamm in einem XXL-Strandkorb. Dieses historische Strandmöbel hat „BILD“ zugunsten der Aktion „Ein Herz für Kinder“ versteigert. Den Zuschlag bekamen Dr. Reinfried Pohl und die Deutsche Vermögensberatung AG – für eine Million Euro. Darüber freute sich die ganze Familie Pohl zusammen mit ihrem Freund „Schumi“. Von links nach rechts: Andreas und Jacqueline, Michael Schumacher, Anneliese und Prof. Dr. Reinfried Pohl, Dr. Ana Pohl und Reinfried junior.

Millionen Fernsehzuschauer sahen begeistert zu: Bei der ZDF-Gala „Ein Herz für Kinder" am dritten Adventssamstag 2007 überreichte Reinfried Pohl seine Millionen-Spende. Der Ministerpräsident von Mecklenburg-Vorpommern, Harald Ringstorff, und Showmaster Thomas Gottschalk sind beeindruckt von dem Mann mit dem großen Herzen.

„Hinter jedem erfolgreichen Mann steht eine starke Frau“: Das Ehepaar Reinfried und Anneliese Pohl bestätigt diese Spruch-Wahrheit wie kaum ein zweites. Im Juni 2008 jährt sich ihr Hochzeitstag zum 50. Mal. Und dankbar blickt Reinfried Pohl zurück auf die ständige Unterstützung seiner Frau: „Ohne sie gäbe es die DVAG nicht.“

mann es sich bei einem Jubiläum in Frankfurt nicht nehmen ließ, unter Hunderten von Gästen Pohl samt seiner Familie namentlich zu begrüßen; und obwohl die Söhne längst fähig sind, die DVAG allein zu steuern.

Pohl hat seinen Kampf gewonnen. Er weiß es nur noch nicht.

Aus: „Ewiger Kämpfer", manager magazin spezial, Oktober 2006.

Das Lebenswerk soll „erdbebenfest" werden

Pohls Leben war Kampf und ist es nach seinem Empfinden auch geblieben, auch wenn das, was er geschaffen hat, heute auf einem soliden Fundament steht. Er überlebte den Zweiten Weltkrieg als Luftwaffenhelfer in Prag und als Panzergrenadier an der Ostfront ebenso wie die Vertreibung aus dem Sudetenland und die Flucht aus der ehemaligen sowjetischen Besatzungszone. Dort drohte ihm wegen unerlaubter politischer Betätigung die Verhaftung. Sein Vater starb im Zuchthaus Bautzen.

„Ich komme aus ganz kleinen Verhältnissen, das hat mich geprägt", sagt Pohl. Heute gilt seine Familie als eine der reichsten in Deutschland. Das trägt der Patriarch nicht vor sich her, bescheiden und uneitel tritt er auf. Der hell getäfelte Besprechungsraum in seiner Firmenzentrale zeugt von Stil, aber er zeigt keine Statussymbole.

1969 entwarf Pohl das Projekt „Allfinanz", die Vermittlung von Vorsorge- und Anlageprodukten aller Art aus einer Hand und „aus einem Kopf", wie er sagt. (...) Er habe damals die gesamte deutsche Versicherungsbranche gegen sich gehabt, erinnert sich Pohl. Die wollte die Ersparnisse ihrer Kunden nicht an die Konkurrenz der Investmentfonds abgeben, sondern sie selbst verwalten. Pohl zog die Konsequenzen und machte sich selbständig, da war er bereits 47. „Viele haben mich damals für verrückt erklärt", sagt er. (...)

„Ich bin konzeptionell und geschäftlich nie auf die Nase gefallen", zieht Pohl Bilanz. Aus diesem Grund, meint er, werde er von seinen Beschäftigten uneingeschränkt akzeptiert: „Ich habe immerhin 32 000 Menschen zu einer selbständigen Existenz verholfen. Zählt man deren Familien dazu, entspricht das einer Stadt mit 120 000 Einwohnern, die vom Wohl und Wehe der DVAG abhängen. Da kann man sich nicht allzu viele Fehler leisten." (...)

In der Zeit, die ihm noch bleibt, will Pohl sein Lebenswerk „erdbebenfest" machen, wie er sagt. Die Weichen für seine Nachfolge sind gestellt, seine beiden Söhne arbeiten in Führungspositionen der DVAG. Vor allem will Pohl verhindern, dass die Konkurrenz in seine Vertriebsorganisation eindringt. Deshalb gibt er keines seiner vielen Aufsichtsratsmandate ab. „Würde ich Mandate aufgeben, dann hieße es draußen sofort, jetzt fängt er an zu kippen, und die Konkurrenz würde über uns herfallen." Unternehmertum als Kampf – diese Haltung hat Pohl verinnerlicht.

„Der Einzelkämpfer", Financial Times Deutschland, 13. Dezember 2005.

Bestseller

Wer Erfolgsgeschichten mag, solche, die bis nach ganz oben führen, der wird hier aufs Beste bedient: Reinfried Pohl, Doktor der Jurisprudenz und inzwischen 77 Jahre alt, hat innerhalb von 30 Jahren mit der Deutschen Vermögensberatung AG einen der größten internationalen Finanzbetriebe aufgebaut. Von der schlichten Lebensversicherung bis zum komplexen Investmentfonds: Pohl mit seinem von ihm entwickelten Allfinanz-Konzept hat's. Nun zieht er (...) im Gespräch

Bilanz. Und angesichts des allgemeinen ökonomischen Elends, das in der Bundesrepublik gerade so vielstimmig beschworen wird, tut es irgendwie fast schon gut, mal wieder zu erfahren, wie einer einfach angepackt und es geschafft hat.

Stern, 16. Juni 2005, aus Anlass des zwölften Platzes in der Bestseller-Liste der Hamburger Illustrierten.

„Finanz-Papst"

Überschrift in Bild, 19. Mai 2005.

Die Erfolgsgeschichte hat einen Namen: Dr. Reinfried Pohl

Die Deutsche Vermögensberatung (DVAG) entwickelte sich in nur drei Jahrzehnten zu einer der großen Erfolgsgeschichten der deutschen Wirtschaft, und diese Entwicklung hat einen Namen: Dr. Reinfried Pohl. Pohl steht seit fünf Jahrzehnten an der vordersten Front der professionellen Vermögensberatung und Vermögensplanung für breite Schichten. Der „Vater des Allfinanzgedankens" hat sich mit seiner Idee voll am Markt durchgesetzt. Die (…) DVAG ist heute Marktführer. (…) Pohl setzte von der ersten Stunde auf Seriosität und Qualität seiner Produktpartner. (…)

Ein weiterer Eckpfeiler des Erfolges von Pohl und seiner DVAG ist natürlich die solide Ausbildung seiner Vermögensberater. Pohl ist nicht nur einer der großen Arbeitgeber Deutschlands; seine DVAG fühlt sich dem Gedanken einer seriösen und soliden Ausbildung besonders verpflichtet. (…)

Nur ein in der Wolle gefärbter Fachmann und Vertriebsprofi wie Pohl konnte seine Idee in den nur drei Jahrzehnten so glaubwürdig umsetzen. Erfolg ist nie zufällig und in aller Regel wohlbegründet.

„Eine der großen unternehmerischen Erfolgsgeschichten", WirtschaftsKurier, April 2005.

Das Gesicht

Pohl – und nur Pohl – ist das Gesicht der DVAG.

Aus: „Die Jagd nach Geld und Anerkennung", Frankfurter Allgemeine Zeitung, 15. Januar 2005.

Dr. Pohl ist die Deutsche Vermögensberatung

„Ich habe sie alle im Blick." Reinfried Pohl residiert in einer gediegenen, mit Stilmöbeln eingerichteten Bürosuite im achten Stock seiner Firmenzentrale an der Frankfurter Gutleutstraße. Von hier aus hat er tatsächlich alles im Blick, was in der Finanzmetropole Rang und Namen hat, die Dresdner, die Deutsche Bank, die Commerzbank. Pohl sagt nicht, er habe sie alle im Griff. Aber sagte er es, würde das auch niemanden überraschen.

Pohl ist überzeugt. Von sich. Und davon, dass sein Konzept, sein „Allfinanzvertrieb“, den Strategien der Banken und Versicherungen haushoch überlegen ist. Mit den meisten von ihnen ist er im Geschäft. Viele Jahre lang hat seine rund 30 000 Mann starke Vertriebsgruppe dem Dit, der Fondsgesellschaft der Dresdner Bank, große Gewinne gebracht. Heute ist die Deutsche Bank der Favorit. „Ich bin der mobile Vertrieb der Deutschen Bank“, sagt Pohl.

Gerade ist er 75 Jahre alt geworden. Kein Chef in Deutschland mischt in dem Alter noch im Tagesgeschäft mit, jedenfalls nicht in einer Firma dieser Größe. In guten Jahren setzt sie fast 800 Mio. Euro um, bis Ende 2002 vermittelte sie für 86 Mrd. Euro Versicherungen, Bausparverträge und Investmentfonds, gewann rund 3,5 Millionen Kunden für sich. Ein Großunternehmen – doch immer noch geht nichts ohne ihn, den Patriarchen, so wie vor 28 Jahren, als er mit rund 20 Mitarbeitern die DVAG gründete. „Er ist die Deutsche Vermögensberatung“, sagt ein enger Mitarbeiter. (…)

Wer wollte ihm denn noch etwas erzählen, ihm, dem Urgestein? „Ich habe mir noch nie eine dieser Beratungsfirmen wie McKinsey ins Haus geholt“, sagt er. „Und noch nie ein Management-Seminar besucht.“ Auch ohne Seminare weiß er, was Sache ist. (…)

Lasst mich nur machen, ist Pohls Motto – das gilt auch für seine zwei Söhne. „Ich bin mir der Problematik durchaus bewusst. Es gibt für Söhne nichts Schlimmeres, als im Schatten eines Übervaters zu stehen.“ Aber es sei, so der Übervater, doch kein Zufall, dass „Indianer immer den Stammesältesten zum Häuptling erkoren“ hätten.

„Der letzte Patriarch“, Financial Times Deutschland, 5. Mai 2003.

Erfolgreich und mit Ehren überhäuft

Nichts ist so erfolgreich wie der Erfolg. Kaum ein anderer handelte in seiner beruflichen Karriere mit solcher Konsequenz nach diesem Spruch wie der Gründer der Deutschen Vermögensberatung AG (DVAG). In den wildesten Zeiten Ende der siebziger Jahre hatte sich Reinfried Pohl sowohl Angriffen konkurrierender Finanz- und Versicherungsvertriebe zu erwehren wie auch persönliche Anfeindungen zu ertragen. Dann kamen schon mal seine beiden Söhne im heimatlichen Marburg nach Hause und fragten: „Vater, ist das wirklich so, dass deine Leute keine guten Menschen sind?“ Dann war wieder einmal in der ortsansässigen Zeitung etwas über den „Drücker“ und „Klopper“ zu lesen gewesen.

Am Anfang hätten ihn die Angriffe schon gepackt, erinnert sich Pohl. „Mich motiviert es aber, Widerstände zu überwinden.“ Seine Idee, die er ab 1975 mit der DVAG in die Tat umsetzte, war es, die dynamische Funktionsweise eines Strukturvertriebs mit einem konzentrierten Angebot weniger Produktpartner aus der Finanzbranche zu verbinden. Entgegen kam diesem Geschäftsmodell das besondere Talent von Pohl, seine Verkäufer über den bloßen finanziellen Provisionsanreiz hinaus in einem Maße zu motivieren, das zuweilen in den einzelnen Mitarbeitern unbekannte Kräfte freisetzt.

Die Mischung aus Druck und Anerkennung machte die DVAG schließlich zum größten unabhängigen Finanzvertrieb in Europa und Pohl zu einem reichen Mann, der mit Ehrungen überhäuft wird. Der durchschlagende unternehmerische Erfolg glättete mittlerweile die früheren Dissonanzen. Die Kritiker sind leiser geworden.

„Reinfried Pohl 75 Jahre“, Frankfurter Allgemeine Zeitung, 26. April 2003.

„Der unermüdliche Verkäufer“

Überschrift im Handelsblatt, 22. April 2003.

„Der Geldmacher“

Überschrift der Frankfurter Allgemeinen Sonntagszeitung, 20. April 2003.

Vertriebsweg der Zukunft

Die DVAG entwickelte sich unter Pohl zu einer einzigartigen Erfolgsstory. (…) Die Deutsche Vermögensberatung verkörpert für Finanzdienstleistungen den Vertriebsweg der Zukunft. Der Vertrieb über Internet, Direktbanken und Kaffee-Shops ist gescheitert. Menschen brauchen Menschen – dies ist die Devise des bodenständigen Unternehmers. (…)

Pohl formte eines der erfolgreichsten Unternehmen der deutschen Nachkriegsgeschichte.

„Vorsprung durch Qualität“, WirtschaftsKurier, 17. April 2003.

Charme

Der charismatische Vollblutunternehmer mit dem Charme eines Grandseigneurs.

Aus: „Dampf vom Chef", Geld-Idee, 16. April 2003.

Pohls Glaube an die eigenen Fähigkeiten

Am Anfang dieser Erfolgsstory stand eine Vision. (...) Pohls Allfinanz-Idee überzeugte nicht nur Sparer und Anleger, sondern ebenso namhafte Partner aus der Finanzbranche. (...)

Sein letzter Coup: Die Partnerschaft mit der Deutschen Bank und ihrer Investmenttochter DWS, die 2001 ins Leben gerufen wurde. Damit hat sich das Angebot der Deutschen Vermögensberatung um Top-Fonds und andere erstklassige Bankprodukte erweitert. (...)

1975 fiel der Startschuss für die Eigenschöpfung Deutsche Vermögensberatung. Ein Schritt in die unternehmerische Selbständigkeit – mit immerhin 47 Jahren und einem Startkapital von lediglich 100 000 Mark. Nicht die Position des Etablierten, sondern der Glaube an die eigenen Fähigkeiten gaben Pohl hierzu den Mut: sein eigener Herr sein, eigene Ideen verwirklichen und selbst für Erfolg und Misserfolg geradestehen.

Die ersten Jahre waren noch bescheiden. Zwei angemietete Räume beherbergten die Firmenzentrale. Die Umsatzerlöse betrugen 1976 gerade mal 7,9 Millionen Mark. Doch das kleine Unternehmen wuchs schnell – und mit ihm die Investitionsbereitschaft und Entschlossenheit seines Gründers. Heute werden eindrucksvolle 644 Millionen Euro an Umsatzerlösen erzielt. Und aus der Zwei-Zimmer-Unterkunft ist ein repräsentatives achtstöckiges Bürogebäude im Bankenviertel von Frankfurt geworden. (...)

Traditionelle Werte werden bei dem Marburger großgeschrieben. Als die Wirtschaftswelt vor einigen Jahren im Börsengang den Schritt in eine glorreiche Zukunft sah, ließ sich Pohl nicht beirren. Obwohl die Frankfurter Börse nur einen Steinwurf von seinem Büro entfernt liegt, kann er sich auch heute nicht vorstellen, die Deutsche Vermögensberatung aufs Parkett zu bringen. „Ich möchte nicht zum Spielball einer launenhaften Börse werden", sagt der Vorstandsvorsitzende.

Im besten Sinne konservativ, liegen Pohl übereilte Schritte fern. Sparsamkeit und Bescheidenheit sind ihm näher als Luxus und ein Leben auf Kredit. Da wundert es nicht, dass das Wachstum der Deutschen Vermögensberatung ausschließlich aus den im Unternehmen verbliebenen Gewinnen finanziert wurde – und das soll so bleiben.

„Unternehmerischer Visionär", Der Vermögensberater, Februar 2003.

„Königlicher Kaufmann"

Spätestens nachdem der Weltplayer Allianz die Absicht bekanntgab, die immerhin zu den immer noch größten Banken zu zählende Dresdner Bank zu integrieren, um den gegenseitigen Vertrieb von Versicherungs- und Bankprodukten inklusive Fonds zu ermöglichen, war das Wort „Allfinanz" in aller Munde. Allfinanz war mit einem Male sozusagen geschäftsfähig. Vergessen wurde dabei, dass Allfinanz auch einen Namen hat, der untrennbar ebendamit verbunden ist: Dr. Reinfried Pohl.

Pohl, der zu den erfolgreichsten Unternehmern zu zählen ist und der mit Engagement, Fleiß, Können und einer Spürnase für die Bedürfnisse der Menschen die Deutsche Vermögensberatung aufbaute und zur heutigen Blüte führte, war von der ersten Stunde von Allfinanz fasziniert. Wenn heute Allfinanz in aller Munde ist, dann war es der Pionier Pohl, der diese Idee erfand, umsetzte und erfolgreich fortentwickelte. (...)

Die DVAG hat sich mittlerweile nicht nur etabliert, sie hat sich voll durchgesetzt und gehört heute zu den erfolgreichsten Firmen der Finanzdienstleistungsbranche überhaupt. (...) Man setzt weiter auf die eigene Kraft, vertreibt ganz bewusst keine eigenen Produkte, und es wird auch keine Börseneinführung geben. Dr. Reinfried Pohl hat eine einfache und gleichwohl überzeugende Begründung. Er will morgens aufstehen und darüber nachdenken, wie er seinen jetzt schon 26 000 Vermögensberatern mit Ideen helfen kann, und nicht darüber, was er wohl Analystenjünglingen erzählen muss, um deren geneigtes Wohlgefallen zu erreichen.

Pohl ist im guten Sinne „königlicher Kaufmann“, korrekt von der Sohle bis zum Scheitel. So sehen es nicht nur seine Freunde, Partner und Kunden, so sehen es auch international hochangesehene Persönlichkeiten, die im Beirat der DVAG wirken.

„Allfinanz hat einen Namen“, WirtschaftsKurier, 7. Mai 2001.

„Der Kanzler hat die Allfinanz geadelt!“

Cash, September 1995: Zur Rede von Bundeskanzler Helmut Kohl bei der Feier des 20. Jubiläums der DVAG in der Festhalle Frankfurt am Main.

In der ersten Reihe der Finanzwelt

Volksfeststimmung im bayerischen Bierzelt, standing ovations für Dr. Reinfried Pohl. 2000 Besucher feiern enthusiastisch ihren Star, der gerade eine flammende Rede über die Chancen bei seiner Deutschen Vermögensberatung Aktiengesellschaft gehalten hat. (...)

Dem Bad in der Menge zum Trotz: Außerhalb der DVAG kennt den Erfinder der Allfinanzidee kaum jemand. Dabei steht der Verkaufskönig, dessen Mannschaft täglich 3000 neue Verträge anschleppt, in der ersten Reihe der Banken- und Versicherungswelt. Hinter den Kulissen bestimmt Pohl die Geschicke der AMB, Deutschlands zweitgrößtem Versicherungskonzern hinter Allianz. Mit deren Aufsichtsrat Wolfgang Schieren hat Pohl gerade einen spektakulären Deal eingefädelt.

Pohl trifft sich auch mit Hilmar Kopper zum vertraulichen Gedankenaustausch. Der allgewaltige Deutsche-Bank-Vorstandssprecher braucht Rat beim Aufbau seines Versicherungsgeschäfts. Pohl beim Dresdner-Bank-Oberkontrolleur Wolfgang Röller, Pohl beim Kanzler und anderen Spitzenpolitikern, mit denen er sich in seinem Beirat schmückt. Das frühere Schmuddelkind der Branche, das man wegen seiner Verkaufsmethoden schnitt, ist mit 65 Jahren salonfähig geworden.

„Der eiskalte Charmeur", Capital, November 1993.

Diskret und erfolgreich

Pohl ist kein Mann, der öffentliche Aufmerksamkeit sucht. Der Vorstandschef und zugleich Mehrheitseigner der Deutschen Vermögensberatung arbeitet diskret und erfolgreich.

Aus: „Pionier der Allfinanz", Der Volks- und Betriebswirt, Juli/August 1993.

Graue Eminenz der Branche

Die Zahl der Kunden geht in die Millionen. (...) Doch der Chef des Hauses ist eher eine „Graue Eminenz“ denn eine allgemein bekannte Persönlichkeit der deutschen Finanzbranche. Aber das ist Reinfried Pohl (...) auch gar nicht unlieb. Der promovierte Jurist bleibt gern im Hintergrund.

Die Zukunft des Bankgeschäfts, davon ist Pohl überzeugt, liegt nicht darin, Geldanlagen und Finanzierungen am Schalter zu verkaufen, sondern darin, diese den Kunden zu Hause zu offerieren.

Strukturvertrieb nennen Fachleute diese Art der Dienstleistung, und sie hat – unter Pohls kräftiger Mithilfe – in den vergangenen Jahrzehnten in Deutschland einen gewaltigen Aufschwung erlebt. Auch dadurch, dass sich immer mehr Banken diesem Vertriebsweg zuwenden.

So hat zum Beispiel die Deutsche Bank beim Kauf der Herold-Versicherung auch die Bonnfinanz – einen Konkurrenten der DVAG – übernommen, um Kunden Bank- und Versicherungsangebote auf diesem „privaten“ Wege zu unterbreiten. Das war, sagt Pohl, „so etwas wie ein Ritterschlag für meine Idee“. Denn die Bonnfinanz war einst „sein Kind“. Sein zweites wurde dann die DVAG, mit 17,5 Milliarden Mark vermittelten Kapitalanlagen 1992 die Nummer eins der Branche. Oder, wie Pohl sagt, „das größte wirkliche Allfinanzunternehmen in Europa“.

„Graue Eminenz“ der Allfinanzbranche, Welt am Sonntag, 2. Mai 1993.

„Man of the Decade – der Mann, der Allfinanz erfunden hat“

Schlagzeile von Cash, Januar 1991.

Reinfried Pohl
im Spiegel der Medien

Der Finanzmarkt-Pionier

Täglich 14 Stunden arbeiten

Mit seiner Allfinanz-Idee hat Dr. Reinfried Pohl vor 30 Jahren Banken und Versicherungen zum harten Wettbewerb herausgefordert. Damals war er der Pionier, der seinen Kunden zu Hause nicht nur Versicherungen, Bausparverträge und Investment-Fonds verkaufte, sondern Gesamtlösungen für die private Vermögensplanung bot. Sparkassen und Banken machten es später ähnlich. (...)

„Kapieren ist besser als kopieren", lautete dazu der einfache Kommentar von Pohl. Wie wird man so erfolgreich und wie hält man sich so frisch und fit? (...) Reinfried Pohl nannte nur zwei Punkte, die allseits für Erheiterung sorgten: „Kein Sport und täglich 14 Stunden arbeiten. Das reicht."

„Kein Sport und 14 Stunden täglich arbeiten",
Westfälische Rundschau, 8. Oktober 2005.

Der älteste noch aktive Patriarch

Pohl bezeichnet sich als Erfinder der sogenannten Allfinanzstrategie, das heißt des Vertriebs von Finanzdienstleistungen „aus einer Hand und aus einem Kopf". Die Beschränkung auf wenige verständliche Anlage- und Vorsorgeprodukte und die Zusammenarbeit mit nur einer Handvoll erstklassiger Produktlieferanten wie dem Versicherungskonzern AMB Generali oder der Deutschen Bank sind Pohls Erfolgskonzept. 3,8 Millionen Kunden werden heute von Pohls Vertriebsgruppe betreut, die ein Umsatzvolumen von knapp 1 Mrd. Euro generiert. In Deutschland liegt sein nicht an der Börse notiertes Unternehmen mit weitem Abstand an der Spitze der Finanzvertriebe.

Pohl ist ein unternehmerisches Urgestein, der wohl älteste Patriarch, der in Deutschland noch an der Spitze eines Unternehmens dieser Größe steht. Er ist wahrscheinlich einer der reichsten Männer Deutschlands, und er ist erzkonservativ. Seine Nähe zur CDU zeigt sich nicht nur in der Zusammensetzung des Beirats seines Unternehmens, dem unter anderem der ehemalige Bundeskanzler Helmut Kohl angehört. Pohl gehört auch zu den wichtigsten Finanziers der CDU, die er vor allem in Frankfurt und Hessen mit großzügigen Spenden bedachte. (…)

Aus Protest gegen die Behandlung Kohls durch die Partei ließ Pohl seinerzeit seine Mitgliedschaft ruhen. Der Partei gehörte er seit 1970 an. 1969 war er nach langjähriger Mitgliedschaft aus der FDP ausgetreten, „weil sie geradezu kommunistische Tendenzen entwickelt hatte". (…)

Die gegenwärtigen deutschen Befindlichkeiten gefallen dem „Doktor", wie er in seinem Unternehmen genannt wird, nicht. „Bei den Menschen überwiegt der Pessimismus", stellt er fest und hält dagegen, was ihn groß gemacht hat: „Ein zur Hälfte gefülltes Glas ist für mich nie halbleer, sondern immer halbvoll – voller Möglichkeiten."

„Können und Vermögen", Financial Times Deutschland, 29. Juni 2005.

„Porträt eines Pioniers"

Auf Augenhöhe mit den Chefs der Großbanken und Versicherungen bewegt sich Reinfried Pohl schon seit längerem. Mit der gestrigen Präsentation seiner Biographie kann sich der 77-jährige Selfmade-Millionär, der in der Finanzwelt Kult ist, nun auch in einem Atemzug nennen mit politischen Größen dieses Landes, wie dem Bundespräsidenten Horst Köhler, dessen Vorgänger Roman Herzog und der

CDU-Parteichefin Angela Merkel. Denn alle vier Biographien präsentiert der Hamburger Verlag Hoffmann und Campe in einer Reihe von sogenannten Gesprächs-Biographien.

„Porträt eines Unternehmers", Frankfurter Neue Presse, 19. Mai 2005.

Zehn goldene Regeln

In einem Gespräch (…) verrät er jetzt seine „Zehn goldenen Regeln zur Vorsorge und Vermögensbildung": 1. Man kann nicht früh genug anfangen. 2. Sicherheit kommt vor Rentabilität und Steuerersparnis. 3. Nicht nur ans Alter, sondern auch an Berufsunfähigkeit und Krankheit denken. 4. Nie auf andere verlassen, weder auf den Staat noch auf die Familie. 5. Alle Vergünstigungen ausschöpfen, also dem Staat nichts schenken. 6. Die Haftpflichtversicherung nicht vergessen. 7. Nicht alle Eier ins gleiche Nest legen. 8. Auf riskante Vermögensanlagen verzichten. 9. Alle zwei Jahre die eigene Vorsorge- und Vermögensanlage überprüfen. 10. Sich einen Fachmann, also einen Vermögensberater, leisten.

„Finanz-Papst verrät zehn Regeln zur Vorsorge", Bild, 19. Mai 2005.

Mit der richtigen Idee zur richtigen Zeit am richtigen Ort

Als der junge Reinfried Pohl im Sommer 1948 am Kasseler Hauptbahnhof aus dem Zug stieg und wegen eines fehlenden Ausweispapiers zunächst einmal in der Arrestzelle landete, konnte er sich gewiss nicht vorstellen, dass er eines nicht allzu fernen Tages einmal als studierter und promovierter Jurist dem Staate dienen sollte.

Von Kassel aus war der gebürtige Böhme nach den vorangegangenen Zwischenstationen in Berlin und Halle dann am Ende in Marburg gelandet, wo er die Aufnahmeprüfung an der Uni bestand und sein Jurastudium aufnahm. In Halle bereits war der junge Pohl mit der politischen Gründungsphase Deutschlands unmittelbar in Berührung gekommen, als er im Spätsommer 1945 bei der Gründung der Liberaldemokratischen Partei dabei war. Mit dabei war damals ein noch unbekannter junger Mann namens Hans-Dietrich Genscher.

Diese Episode berichtet Pohl im lockeren Plauderton des geübten Erzählers, amüsiert sich in der Rückschau über seine Erlebnisse am Kasseler Bahnhof („keine guten Erinnerungen, wie Sie sich vorstellen können!") und schildert unprätentiös das Zusammenwirken in der Aufbauphase der Bundesrepublik, versieht sie mit Namen und lässt sie dadurch wieder faszinierend lebendig werden. Marburg wurde schließlich der Ausgangsort der beruflichen Erfolgslaufbahn des jungen Juristen Dr. jur. Reinfried Pohl.

Um seinen Lebensunterhalt zu sichern, verdingte sich der junge Mann zunächst beim Gerling-Konzern für 500 D-Mark („plus Kilometergeld!") im Monat. „Diese Zeit in Marburg und Mittelhessen war die Geburtsstunde meines späteren Allfinanzkonzeptes", bilanziert er rückblickend seine Erfahrungen. Als „beratender Allrounder für den Mittelstand" sammelte er seinerzeit in zwölf Jahren die Erfahrungen, die später seinen Erfolgsweg als Unternehmer in der Finanzwirtschaft ebneten. (…)

Die Erfolgsgeschichte seiner Deutschen Vermögensberatung, sagt er, wäre heute gewiss nicht mehr zu wiederholen. Die Zeiten seien komplett andere, die Möglichkeiten für Unternehmer seien andere. Er habe das Glück gehabt, mit der richtigen Idee zur richtigen Zeit am richtigen Ort gewesen zu sein.

„Keine Zeit für Stillstand", Wirtschaft Nordhessen, September 2004.

Mit geliehenem Geld

In einem Alter, in dem andere bereits mit dem Vorruhestand liebäugeln, begann Pohl, mit geliehenen 125 000 Mark sein eigenes Unternehmen aufzubauen.

„Alles aus einer Hand", Focus Money, 15. Januar 2004.

Ein Fall für die „Hall of Fame"

Wären wir in den USA oder England, wäre Pohl längst in die „Hall of Fame" unserer Branche eingerückt.

Cash, Mai 2003.

Ein Mann von seltener Bescheidenheit

Eine große Feier soll es heute nicht geben, wenn Reinfried Pohl, der Pionier unter den Vermögensberatern und Erfinder der Allfinanz-Idee, 75 Jahre alt wird. In aller Stille, zusammen mit seiner Frau, will er seinen Geburtstag begehen – eine Bescheidenheit, die man bei einem Manne seines Ranges, der sich mit den Chefs der Großbanken und Versicherungen auf Augenhöhe bewegt, eher selten findet.

„Pionier der Vermögensberatung wird 75",
Frankfurter Neue Presse, 28. April 2003

Bei seinen Leuten ist Reinfried Pohl einfach Kult

Reinfried Pohl ist einfach Kult. Zwar nicht in der Öffentlichkeit – hier scheut der Gründer und Vorstandsvorsitzende der Deutschen Vermögensberatung AG (DVAG) in der Regel das Rampenlicht. Dafür aber umso stärker bei seinen rund 30 000 Beratern.

Diese schart der Patriarch (...) zu besonderen Anlässen immer wieder mal – fein ausgewählt – um sich. Mal auf einem Vergnügungsdampfer der Luxusklasse, als Auszeichnung für besonders erfolgreiche Berater. Mal bei einer Preisverleihung in einem der vielen Schulungs- und Kongresszentren der DVAG.

Entsprechend wirkt der aktuelle Geschäftsbericht streckenweise eher wie der Katalog eines Reiseveranstalters. Hier die „Vila Vita Parc" an der portugiesischen Algarve aus der Vogelperspektive, da Pohl umgeben von winkenden Beratern vor dem Swimmingpool. „Der Mann genießt eine ungewöhnlich hohe Akzeptanz in seinem Haus", lobt entsprechend auch ein Insider die hohe Integrationskraft Pohls. Die sonnigen Impressionen sollten jedoch nicht darüber hinwegtäuschen, dass dies die Sahnehäubchen eines ausgeklügelten, oft harten Vertriebskonzeptes sind. (...)

„Die Deutschen legen Wert auf Anerkennung", erklärt hierzu Pohl. Eine Erfahrung, die er während des Zweiten Weltkriegs als Soldat gemacht hatte, als Kameraden für eine Auszeichnung das Leben riskierten. Sich selbst bezeichnet Pohl heute – nicht ohne Koketterie – bescheiden als Zwischenhändler. Doch im Gegensatz zu seinen Wettbewerbern habe er es eben einfach immer besser verstanden, die „unsichtbare Ware" zu vertreiben.

Über neun Millionen abgeschlossene Verträge lagern heute in der Frankfurter Hauptverwaltung. Gesamtwert: imposante 86 Mrd. Euro. Den Neid, den er sich durch seine heute unangefochtene Spitzenstellung bei so manchem Mitbewerber zugezogen hat, bewertet Pohl heute als Gütesiegel.

„Der Vater der Allfinanz-Konzeption wird 75 Jahre“,
Die Welt, 26. April 2003.

Beratung kommt vor Verkauf

Die Erfolgsstory der DVAG beruht auf dem Gedanken, nicht nur Produkte abzusetzen, sondern dem Kunden in Form der Beratung eine Dienstleistung zu erbringen. Pohl (...) erkannte bereits Ende der 60er Jahre, dass sich Finanz- und Vermögensfragen sowie Risikoabsicherung und Altersvorsorge ergänzen. Der von ihm konzipierte Vermögensberater muss die wesentlichen Kenntnisse des Versicherungs- und Bankkaufmanns in sich vereinen. (...)

Die Aus- und Weiterbildung für die gegenwärtig 30 000 Vermögensberater und Mitarbeiter hat für Pohl Priorität. Diese ließ er sich im vergangenen Jahr 35,8 Millionen Euro kosten.

„Reinfried Pohl 75“, Börsen-Zeitung, 25. April 2003.

Vater der Allfinanz mit Auszeichnungen überhäuft

Tausende von Menschen in der Frankfurter Festhalle, gleißendes Scheinwerferlicht, und als Höhepunkt fährt Michael Schumacher mit seinem Ferrari auf die Bühne seines Sponsors. So hätte sie aussehen können, die Feier zum 75. Geburtstag von Reinfried Pohl … „Das Geld sparen wir uns, ich tauche mit meiner Frau ab“, sagt das Oberhaupt einer der reichsten Familien in Deutschland. Dabei freut er sich diebisch, der Parade der Händeschüttler entgehen zu können.

Pohl ist einer der wenigen aus der Wirtschaftswunderzeit, die alle Krisen gemeistert haben. Der Pionier der deutschen Vermögensberatungsbranche fing in den fünfziger Jahren als Versicherungsvertreter bei Gerling an. Heute dirigiert er als Vorstandschef und Mehrheitsaktionär den größten Finanzvertrieb der Republik. (…)

Schicksalhaft war seine Begegnung mit Bernie Cornfeld von Investors Overseas Services (IOS), der in den sechziger Jahren das Schneeballsystem im Finanzvertrieb nach Deutschland exportierte. Er scheiterte schließlich in einem der größten Anleger-Skandale. Auch Pohls Ruf wurde damals ramponiert. Aber der Vertrieb im Wohnzimmer des Kunden faszinierte ihn. Die Idee, viele Finanzprodukte aus einer Hand anzubieten, trieb ihn um. (…)

Mit dem wirtschaftlichen Erfolg kommt die lang ersehnte Anerkennung in der Gesellschaft. Der „Vater der Allfinanz“ wird überhäuft mit Auszeichnungen.

„Der unermüdliche Verkäufer“, Handelsblatt, 22. April 2003.

Im Alleingang

Aus der One-Man-Show formte Pohl den heute weltweit größten eigenständigen Finanzvertrieb.

Aus: „Dampf vom Chef“, Geld-Idee, 16. April 2003.

„Nestor des Allfinanzvertriebs"

Der Platow Brief, 19. November 2001.

Erntezeit für die Pohl'sche Allfinanz-Idee

„Jetzt ist die Erntezeit für meine Allfinanzidee angebrochen, die ich vor über 25 Jahren ins Leben gerufen habe." So freut sich ein Mann, der mit seinen Ideen lange Zeit auf Unverständnis stieß. Nun sieht er sich von der aktuellen Entwicklung bestätigt: Reinfried Pohl (…) wird von vielen als „Vater der Allfinanzidee" bezeichnet.

Diese kommt wieder in Mode. Banken bieten Versicherungen an, Versicherungen wollen ihre Dienste über Bankschalter vertreiben, Direktbanken vertreiben neben Bankprodukten Bauspar- und Versicherungsdienstleistungen. (…)

Der nunmehr fast 73 Jahre alte Pohl denkt noch lange nicht daran, das Ruder abzugeben. „Es macht noch Spaß. Soweit es meine Gesundheit zulässt, will ich noch einige Zeit in vorderster Front bleiben."

„Renaissance der Allfinanzidee sorgt für kräftige Zuwächse",
Handelsblatt, 8. September 2000.

Reinfried Pohl denkt nicht ans Aufhören

Eigentlich könnte Reinfried Pohl sich längst zur Ruhe setzen. (...) Aber Pohl will vom Aufhören nichts wissen. Ein Börsengang oder Verkauf komme für ihn nicht in Frage, sagte der umtriebige und selbstbewusste promovierte Jurist bei der Bilanzpressekonferenz der Aktiengesellschaft.

„Ich mache weiter, wenn ich mein eigener Herr bin", kündigte Pohl an. Entscheidungen unter dem Druck von Aktionären, die nur an kurzfristiger Rendite interessiert seien, treffen zu müssen, könne er sich nicht vorstellen.

„Reinfried Pohl will vom Aufhören nichts wissen",
Frankfurter Allgemeine Zeitung, 19. April 2000.

Der Erfinder

In der deutschen Finanzwirtschaft gilt er als Pionier der privaten Vermögensbildung und Erfinder eines neuen Allfinanz-Konzepts.

Zum 70. Geburtstag, Börsen-Zeitung, 25. April 1998.

Oft kopiert

Die Allfinanz-Idee hat der 65-Jährige entwickelt. Sie ist, inzwischen von Großbanken kopiert, auch die Grundlage seines unternehmerischen Erfolges.

„Pionier der Allfinanz“,
Der Volks- und Betriebswirt, Juli/August 1993.

Aufklärer in Sachen Vorsorge

Was Geld ist und Kapital – kein Zweiter hat es den Deutschen so beigebracht wie Reinfried Pohl. Er schärft ihr Bewusstsein für die Vorsorge.

Aus: „Man of the Decade“, Cash, 1991.

Immer ein paar Schritte voraus

Stets hatte er Vorsprung. Er war den anderen immer ein paar Schritte voraus. 1969 ist er der Erste, der vom Allfinanzangebot spricht. Als Erster erkennt er 1970, dass für diese Aufgabe ein speziell ausgebildeter Berater erforderlich ist. Pohl nennt ihn Vermögensberater. Natürlich als Erster.

Aus: „Man of the Decade“, Cash, 1/1991

Reinfried Pohl
im Spiegel der Medien

Der Mäzen

G-8-Strandkorb soll zweite Million einbringen

Der berühmte G-8-Strandkorb brachte „Ein Herz für Kinder" bei der Versteigerung nicht nur eine Spenden-Million – er soll noch eine zweite einbringen! Prof. Reinfried Pohl schickt den ersteigerten Korb auf Deutschland-Tour. Gegen eine Spende kann sich jeder darin fotografieren lassen.

„Ein Herz für Kinder bewegte Millionen", Bild vom 17. Dezember 2007.

Millionenspende aus Marburg

Der Marburger Reinfried Pohl, Gründer und Chef der Deutschen Vermögensberatung, hat am Samstagabend in der ZDF-Sendung „Ein Herz für Kinder" dieser Aktion eine Million Euro gespendet. (...)

In der Sendung am Samstag überreichte Pohl dem Moderator Thomas Gottschalk und dem Ministerpräsidenten von Mecklenburg-Vorpommern, Harald Ringstorff (SPD), den symbolischen Scheck.

Außerdem kündigte Pohl, unter anderem auch Ehrendoktor der Marburger Universität, an, auch im kommenden Jahr nochmals eine Million Euro der Aktion zur Verfügung stellen zu wollen. Zusammenkommen soll diese Summe, indem sich Menschen in besagtem Strandkorb mit Prominenten wie Michael Schumacher fotografieren lassen. (...)

„Reinfried Pohl spendet eine Million Euro",
Marburger Neue Zeitung vom 17. Dezember 2007.

Strandkorb geht auf Millionen-Tour

Der G-8-Riesenstrandkorb, der für eine Million Euro an den Unternehmer Reinfried Pohl versteigert worden ist, soll eine weitere Million Euro für soziale Zwecke einbringen. Pohl sagte bei der Spendengala „Ein Herz für Kinder“, die das ZDF am Sonntag live aus Berlin übertrug, er wolle den Strandkorb durch Deutschland schicken. Gegen eine Spende kann man sich in dem weltberühmten Strandkorb fotografieren lassen.

Deutsche Presse-Agentur vom 15. Dezember 2007.

Dr. Pohls tolles Engagement

Es ging um die ganze Welt – das Foto der Staats- und Regierungschefs im Riesenstrandkorb beim G-8-Gipfel. Das legendäre Sitzmöbel hat mittlerweile einen neuen Besitzer! Einen mit ganz großem Herzen! Finanz-Papst Professor Dr. Reinfried Pohl (79), Gründer und Chef der in Frankfurt beheimateten Deutschen Vermögensberatung AG, ersteigerte den Mega-Korb für sagenhafte 1 Million Euro – zugunsten von „Ein Herz für Kinder“. (…)

BILD sagt: Danke für das tolle Engagement.

„Sie spendeten über 2 Millionen Euro“, Bild Frankfurt, 13. Dezember 2007

Ein großes Herz für Kinder

Beim Edel-Italiener „La Scuderia“ im Westend prostete Formel-1-Superstar Michael Schumacher (38) gutgelaunt „Finanz-Papst“ Professor Dr. Reinfried Pohl (79) zu: „Wir Alten sind halt doch die Besten.“

In der Tat: Der „Rentner" Schumi hat es in Barcelona den jungen Kollegen noch einmal gezeigt und bei Testfahrten Bestzeiten hingelegt. Und Pohl, Gründer und Chef der in Frankfurt beheimateten Deutschen Vermögensberatung AG (DVAG), zeigt es den jüngeren Konkurrenten: Seine DVAG ist weltweit der größte eigenständige Finanzvertrieb. (…)

Die Pohls und die Schumachers: Zum Rennanzug trug „Schumi" stets eine Kappe mit DVAG-Logo. Inzwischen hilft er dem Unternehmen bei der Motivierung der Top-Mitarbeiter. Und aus der seit mehr als zehn Jahren bestehenden geschäftlichen Beziehung wurde längst Freundschaft.

„Schumi" und den „Doktor" vereint neben ihrem Streben nach Erfolg noch eines: Sie sind großzügig, wenn andere Hilfe brauchen. Bei der Tsunami-Katastrophe vor drei Jahren spendete keine andere Privatperson so stolze Summen wie die beiden. Jetzt hat Pohl den historischen Strandkorb vom G-8-Gipfel für eine Million Euro ersteigert – zugunsten der BILD-Aktion „Ein Herz für Kinder".

„Zwei Männer mit zwei großen Herzen",
Bild Frankfurt, 17. November 2007.

Eine Million für Kinder

Der G-8-Riesenstrandkorb, in dem die Staats- und Regierungschefs beim Gipfeltreffen in Heiligendamm fotografiert wurden, ist für 1 Mio. Euro zugunsten der Aktion „Ein Herz für Kinder" versteigert worden. Der neue Besitzer (…) ist der Gründer und Chef der Deutschen Vermögensberatung AG in Frankfurt, Reinfried Pohl.

„G-8-Strandkorb für 1 Mio. Euro versteigert",
Financial Times Deutschland, 16. November 2007.

Stolz auf einen Chef mit großem Herzen

Ein historisches Foto: Kanzlerin Angela Merkel am 7. Juni 2007 mit den Mächtigen der Welt beim G-8-Gipfel in Heiligendamm in einem Riesenstrandkorb. Außergewöhnlich ist diese Großzügigkeit: Finanzmarkt-Pionier Prof. Dr. Reinfried Pohl ersteigerte das geschichtsträchtige Strandmöbel für eine Million Euro – zugunsten der Hilfsaktion „Ein Herz für Kinder"!

Professor Pohl, Gründer und Chef der Deutschen Vermögensberatung AG in Frankfurt, hatte im Sommer in BILD von der Versteigerung gelesen und spontan 150 000 Euro geboten. Und legte noch kräftig nach: Sein letztes Gebot von einer Million Euro hat niemand mehr überboten. Seit gestern gehört der XXL-Korb dem Finanzmarkt-Pionier, der es mit seiner DVAG in 30 Jahren zum weltweit größten eigenständigen Finanzvertrieb brachte.

Warum gibt ein erfolgreicher Unternehmer so viel Geld für einen 6,5 Meter breiten und 2,20 Meter hohen Strandkorb aus, dessen Herstellung 10 000 Euro gekostet hat? Pohl: „Wer wirtschaftlich Erfolg hat, sollte auch an die denken, denen es nicht so gutgeht. Vor allem Kinder brauchen unsere Hilfe."

Die Ersten, die von Pohls großer Spende erfuhren, waren gestern 8000 Vermögensberater seines Unternehmens, die zu einer Konferenz in die Frankfurter Festhalle gekommen waren. Sie feierten den DVAG-Chef mit Applaus und Standing Ovations. Denn sie waren einfach stolz auf ihren Chef mit dem großen Herzen.

„Unternehmer ersteigert BILD-Strandkorb für 1 Million Euro",
Bild, 16. November 2007.

Ein besonderes Dankeschön

Dr. Reinfried Pohl (79), Gründer und unverändert Chef der Deutschen Vermögensberatung AG, erhält von der hessischen Landesregierung ein besonderes Dankeschön für seine großzügige Förderung der Universität Marburg (Medizin-Lehrstuhl, Finanzinstitut). Er wurde gestern zum Professor ernannt. BILD meint: Solche Männer braucht das Land.

„Gewinner", Bild, 10. Mai 2007.

Ein beispielhafter Mäzen

Der Marburger Dr. Reinfried Pohl ist jetzt nicht nur Ehrendoktor und Ehrensenator der Philipps-Universität und Ehrenbürger der Stadt Marburg, sondern auch Ehrenprofessor des Landes Hessen. „Dr. Reinfried Pohl hat als ehemaliger Absolvent … eine außerordentlich enge Beziehung zu seiner Alma Mater. Er hat in beispielhaftem Mäzenatentum Forschung und Lehre an dieser Universität sowohl angeregt als auch maßgeblich geprägt." Das sagte Wissenschaftsminister Udo Corts gestern bei der Verleihung des Ehrentitels „Professor" für Pohl in Wiesbaden. Mit dieser Auszeichnung ehrt das Land nach dem Hochschulgesetz Persönlichkeiten, die sich in besonderer Weise um Wissenschaft und Kunst verdient gemacht haben. (…)

Pohl, Vorstandsvorsitzender der Deutschen Vermögensberatung AG, hat 1997 die Dr. Reinfried Pohl-Stiftung zur Unterstützung der Philipps-Universität Marburg in Forschung und Wissenschaft gegründet und seither mehr als sechs Millionen Euro an die Hochschule gespendet. Minister Corts hob die finanzielle Unterstützung der im Fachbereich Rechtswissenschaften angesiedelten Forschungsstelle für Finanzdienstleistungen hervor. Sie richtet Tagungen aus und unterstützt wissenschaftliche Publikationen sowie zwei Doktorandenstipendien. Die Stiftung unterstützt auch die Jura-Bibliothek.

Pohl hat außerdem eine auf sieben Jahre angelegte Professur für Kardioprävention mit einer Assistentenstelle im Fachbereich Medizin gespendet und eine weitere, auf fünf Jahre angelegte Forschungsprofessur für molekulare Kardiologie.

„Ehrenprofessur für Dr. Reinfried Pohl",
Oberhessische Presse, 10. Mai 2007.

„Mehr Geld für Kinder in Not"

150 000 Euro, das ist das bisher höchste Gebot für den historischen Strandkorb vom G-8-Gipfel in Heiligendamm! Abgegeben hat es „Finanz-Papst" Prof. Dr. Reinfried Pohl, Gründer und Chef der Deutschen Vermögensberatung AG (DVAG) in Frankfurt, des weltweit größten eigenständigen Finanzvertriebs. (…)

Und falls er noch überboten wird? Dann sähe Pohl das sportlich: „Dann hätte ich wenigstens dazu beigetragen, dass noch mehr Geld für Kinder in Not zusammenkommt."

„Finanz-Genie bietet 150 000 Euro für G-8-Strandkorb!",
Bild vom 9. Juli 2007.

Herausragende Leistungen für die Allgemeinheit

Reinfried Pohl (…) ist gestern mit dem Großen Verdienstkreuz mit Stern des Verdienstordens der Bundesrepublik ausgezeichnet worden. In Anwesenheit von Altbundeskanzler Helmut Kohl (CDU), dem früheren Finanzminister Theo Waigel (CSU) und dem ehemaligen Kanzleramtsminister Friedrich Bohl (CDU) überreichte Ministerpräsident Roland Koch (CDU) dem Unternehmer die Auszeichnung in der Hessischen Staatskanzlei in Wiesbaden.

Damit sollten die besonderen Verdienste des Achtundsiebzigjährigen um die Förderung von Wissenschaft und Forschung sowie seine herausragenden Leistungen für die Allgemeinheit in den Bereichen Sport, Universität, Altersvorsorge und bei der Schaffung von Arbeitsplätzen gewürdigt werden, teilte die Staatskanzlei mit. Pohl habe den wirtschaftlichen Erfolg seines Familienunternehmens stets auch zur Unterstützung gemeinnütziger Projekte genutzt. (…)

„Verdienstkreuz für Reinfried Pohl“,
Frankfurter Allgemeine Zeitung, 20. Dezember 2006.

Glanzvolles Jahr für Pohl

Auf dem Zenit seines Erfolgs wird Pohl mit Ehrungen überhäuft. (…) Mit den jüngsten Ehrungen neigt sich für Pohl ein glanzvolles Jahr dem Ende entgegen.

„Auf dem Zenit“, Der Platow Brief, 20. Dezember 2006.

Bürgersinn zum Wohle Marburgs

„Dr. Reinfried Pohl hat seinen wirtschaftlichen Erfolg zum Wohl der Stadt Marburg eingesetzt“, sagte Oberbürgermeister Egon Vaupel (SPD) vor mehr als 100 geladenen Gästen bei der Verleihung der Ehrenbürgerwürde. (…) Als Marburger Mäzen beweise

Pohl seit vielen Jahren Bürgersinn zum Wohl der Stadt Marburg. So unterstützt der Unternehmer finanziell unter anderem die Sportvereine VfB Marburg und Blaugelb Marburg sowie den Polizei-Motorsportclub. Aber auch der Kreisverband des Deutschen Roten Kreuzes und die Hansenhausgemeinde werden laut Vaupel von Pohl ideell und materiell gefördert. „Das geschieht dann meist direkt und ohne viel Aufhebens zu machen", sagte der Oberbürgermeister. (...)

Zu den Marburger Ehrenbürgern zählen unter anderem der Nobelpreisträger Emil von Behring, der frühere Uni-Kanzler Ernst von Hülsen und der Maler Carl Bantzer. (...)

„Warum soll neben Personen aus Wissenschaft, Politik und Kultur nicht auch ein Mann aus der Wirtschaft zum Ehrenbürger ernannt werden?", fragte Vaupel. (...)

In seinem Grußwort zeichnete der langjährige Pohl-Weggefährte und frühere Kanzleramtsminister Friedrich Bohl (...) den Weg Pohls vom mittellosen Flüchtling aus dem Sudetenland zum erfolgreichen Unternehmer nach, der heute 33 000 Beschäftigten die Richtung vorgibt. (...) Der Marburger Unternehmer führe seinen Finanzdienstleistungskonzern „mit Güte", doch es gehöre auch Härte zu der Aufgabe, ein so großes Unternehmen in dieser Branche erfolgreich zu führen. (...)

Sichtlich gerührt widmete der Geehrte mindestens die Hälfte der Auszeichnung seiner Frau Anneliese, die seine gesamte Lebensleistung erst ermöglicht habe. Seine Wahlheimat Marburg bezeichnete Pohl als den Geburtsort vieler seiner beruflichen Visionen. (...)

„Vaupel verleiht an Marburger Mäzen fünfte Ehrenbürgerwürde nach 1945", Oberhessische Presse, 16. Dezember 2006.

„Ewiger Kämpfer"

Er ist einfach überzeugt davon, dass kurzfristiges Abzocken der DVAG langfristig schadet. Daher unterbindet er es rigoros. (…) So kürzte er nach der Wiedervereinigung die Provisionen für Abschlüsse in den neuen Bundesländern, um dem Ausbeuten gutgläubiger Ostdeutscher vorzubeugen. Während des Börsenhypes verfuhr er ähnlich mit den Provisionen auf Aktienfonds.

„Ewiger Kämpfer", manager magazin spezial, Oktober 2006.

Fünf Sterne

Für seine Sache werben Michael Schumacher, Otto Rehhagel und Alt-Bundeskanzler Helmut Kohl. Die Sache? Das ist die heute immer wichtiger werdende Vermögensberatung. Denn Reinfried Pohl ist Gründer und Chef der Deutschen Vermögensberatung AG. Seit 1976 beraten er und sein Unternehmen Menschen in Fragen der Geldanlage. Und nebenbei betreibt er auch noch Hotels.

Das Vila Vita Hotel & Residenz Rosenpark in Marburg etwa – ein 5-Sterne-Hotelbetrieb mit Senioren-Residenz. Marburg liegt Pohl sehr am Herzen. Nach dem Zweiten Weltkrieg ließ er sich in dem hessischen Städtchen nieder. Heute ist der promovierte Jurist Ehrensenator und -doktor der Philipps-Universität Marburg, Ehrenbürger der Stadt, aber auch Ehrenmitglied des 1. FC Kaiserslautern.

„Das Luxus-Hotel als Prestige-Objekt",
Allgemeine Hotel- und Gaststätten-Zeitung, 21. Oktober 2006.

Neuartiges Wissenschafts-Sponsoring

Der Marburger Unternehmer Dr. Reinfried Pohl, Gründer und Vorsitzender des Vorstands der Deutschen Vermögensberatung AG, ist Anfang Juni in Würdigung seiner hervorragenden Verdienste um den Fachbereich Rechtswissenschaften der Philipps-Universität, insbesondere die Forschungsstellen für Finanzdienstleistungsrecht und Rechtsinformatik, mit der Ehrendoktorwürde ausgezeichnet worden. Pohl hat Forschung und Lehre am Fachbereich Rechtswissenschaften auf vielfältige Weise angeregt, geprägt und immer wieder mit großem Engagement unterstützt. (…)

Pohl habe sich nicht nur um seine ehemalige Fakultät, sondern um die Wissenschaft insgesamt in herausragender Weise verdient gemacht, betonte Professor Gilbert Gornig in seiner Laudatio in der Aula der Alten Universität. (…) Bei dieser Förderung handele es sich um einen an deutschen Hochschulen noch weitgehend unbekannten und nur vereinzelt umgesetzten Bereich des Wissenschaftssponsorings, der weit über ein normales Spendenwesen hinausgehe.

„Unzählige Bücher, Zeitschriften und Schriftenreihen konnten und könnten ohne Ihre Hilfe nicht angeschafft werden. Wissenschaftliches Arbeiten wäre in manchen Bereichen ohne Ihre Hilfe nicht möglich“, wandte sich Gornig direkt an den Laureaten. Pohl habe den Fachbereich nicht nur finanziell unterstützt, sondern auch angeregt, dass mit dem Finanzdienstleistungsrecht ein neuer Zweig der Rechtswissenschaften etabliert werde konnte, den es so an keiner anderen rechtswissenschaftlichen Fakultät in Deutschland gebe. (…)

Die Dekanin, Professor Monika Böhm, die die Auszeichnung im Rahmen der diesjährigen Promotionsfeier vornahm, gab ihrer Freude Ausdruck, dass die Ehrendoktorwürde an eine Persönlichkeit verliehen werde, die sich bei allem Erfolg in der geschäftlichen Welt entschlossen habe, am Wohnsitz Marburg festzuhalten und auch festzuhalten an der Verbindung zur Philipps-Universität und deren Fachbereich Rechtswissenschaften. (…)

Den erfolgreichen Promovenden des Jahres 2003 gab der Chef von mittlerweile über 30 000 Vermögensberatern folgenden Rat mit auf den Weg: „Hören Sie jetzt nicht auf zu arbeiten. Ruhen Sie sich nicht aus. Nutzen Sie die Chancen, die Sie haben."

„Ehrendoktorwürde für Dr. Reinfried Pohl",
Marburger Uni-Journal, Juli 2003.

Mehr sein

Wer Reinfried Pohl näher kennt, weiß, dass der Begriff „Mehr sein als scheinen" – geprägt zur Verleihung der Ehrensenator-Würde – exzellent zu ihm passt.

„Förderer von Stadt und Universität",
Marburger Neue Zeitung, 26. April 2003.

Die Mission

Pohl ist ein unternehmerisches Urgestein und zutiefst von sich und seiner Mission überzeugt.

„Der Patriarch sichert sein Lebenswerk",
Financial Times Deutschland, 8. Januar 2003

Freund der Portugiesen

Am vergangenen 29. Juni wurde im Palácio de Belém, dem Amtssitz des portugiesischen Staatspräsidenten, Herrn Dr. Jorge Sampaio, dem deutschen Staatsbürger und Unternehmer in der Algarve, Herrn Dr. Reinfried Pohl, das Großkreuz des Verdienstordens für Leistungen in der Industriewirtschaft für seinen in den vergangenen sieben Jahren geleisteten Beitrag in der Entwicklung und Einordnung des Tourismus in der Algarve verliehen.

Wirkungsbereich ist im Kreis Lagoa, wo er unter anderen Anlagen höchsten Standards (…) die Ferienanlage „Vila Vita Parc" in Alporchinhos, in der Gemeinde Porches, errichtet und dem Dienst der in- und ausländischen Tourismusindustrie zur Verfügung gestellt hat. (…)

Es handelt sich um eine Auszeichnung, die ausschließlich den Bürgern vorbehalten ist, die aufgrund ihrer besonderen Verdienste und ihrer Investition zur Stärkung des Landes und zum Gleichgewicht unserer Wirtschaft beigetragen haben. (…)

Bei einem der häufigen Besuche an der Algarve, explizit in der Umgebung von Senhora da Rocha und Alporchinhos im Kreis Lagoa, hat sich die Familie in das Ambiente, den Standort und die Menschen verliebt und, zwischen Urlaub und Geschäftsreisen, 1990 beschlossen, ein bis dahin brachliegendes Grundstück, welches auf das Gebiet ein schlechtes Licht warf, zu kaufen und etwas über 100 Millionen Mark in die Errichtung einer der meistangesehenen und -besuchten Ferienanlagen Europas zu investieren. (…)

Herr Dr. Reinfried Pohl, sowohl als Bürger als auch als Unternehmer, glaubt an das Gute im Menschen, erkennt jedoch, dass maßlose Vorteilssucht und Ehrgeiz fast immer Schwachpunkte sind, die die Denkweise, das Gewissen und den eigenen Willen aus dem Gleichgewicht bringen. Als er sich dazu entschied, in der Algarve zu investieren, tat er dies aus emotionalen Gründen und des Temperamentes wegen und weil er an die Ehrlichkeit, Beständigkeit und Hingabe glaubte. Menschliche Werte, die er insbesondere bei den Einwohnern der Algarve und bei den Portugiesen an sich immer wieder feststellte. Und er hat es nie bereut.

„Herausragende Leistungen in der Industriewirtschaft“,
übersetzt aus: Gazeta de Lagoa, 16. Juli 1999.

Außerordentlich großzügiger Stifter

Der Marburger Unternehmer Dr. Reinfried Pohl ist neuer Ehrensenator der Philipps-Universität. (…) Universitätspräsident Prof. Dr. Werner Schaal hob die herausragenden Verdienste hervor, die sich der ehemalige Absolvent der Marburger Universität in den letzten Jahren um die Wissenschaftsentwicklung an „seiner“ Alma Mater erworben hat.

Prof. Dr. Erich Priewasser würdigte Pohl als einen der bedeutendsten deutschen Unternehmensgründer in der zweiten Hälfte dieses Jahrhunderts. Pohl hat im vergangenen Jahr durch eine nach ihm benannte, außerordentlich großzügig dotierte Stiftung dem Fachbereich Rechtswissenschaften substantiell unter die Arme gegriffen. Dadurch wird vor allem die neue Forschungsstelle für Finanzdienstleistungen gefördert. Durch eine weitere finanzielle Zuwendung kann die zum Abzug vorgesehene Stelle eines Lektors für Portugiesisch für einen Zeitraum von fünf Jahren weitergeführt werden. (…) Weitere Zuwendungen Pohls ermöglichen es, in der Alten Aula das Gestühl zu erneuern und die Orgel wieder bespielbar zu machen.

„Marburger Mäzen ist Ehrensenator“,
Marburger Universitäts-Zeitung, 29. Oktober 1998.

Reinfried Pohl im Spiegel der Medien

„Der Doktor" und seine Vermögensberater

Familiärer Charakter einer Berufsgemeinschaft

Trotz der rasanten Entwicklung seines Unternehmens war Pohl immer darauf bedacht, die Deutsche Vermögensberatung als unabhängiges Familienunternehmen zu definieren. Genau darin sieht er einen der größten Vorteile gegenüber den Mitbewerbern. (...)

Von Anfang an hat er den familiären Charakter in einer Art Berufsgemeinschaft gepflegt. Neben seiner privaten Familie ist die Deutsche Vermögensberatung für ihn seine große Familie. Seine Mitarbeiter wissen, dass es auch an ihnen liegt, diesen besonderen Charakter des Unternehmens zu erhalten. (...)

Eine gute Ausbildung ist nicht nur gut für die Selbstsicherheit im Umgang mit den Kunden – sie wertet die Persönlichkeit auf (...) und vermittelt das Gefühl, etwas Besonderes zu sein, wenn ein Unternehmen so viel investiert. (...)

Nur wirklich charakterfeste und selbstbewusste Menschen können – und sollten – nach dem Wunsch von Dr. Pohl diese anspruchsvolle Tätigkeit ausüben. Deshalb ist es ihm so wichtig, dass jeder Vermögensberater stolz auf seinen Beruf ist und seine Aufgabe mit Begeisterung ausübt. Dazu gehört auch, dass seine Mitarbeiter dem Unternehmen, für das sie tätig sind, voll und ganz vertrauen können.

„Erfolg durch Motivation und Vertrauen“,
Der Erfolgreiche Weg, Mai 2005.

Vermögensberater helfen dem Staat wie den Bürgern

Der Begriff Vermögensberatung ist mittlerweile in Deutschland untrennbar mit der Deutschen Vermögensberatung verbunden. Inzwischen sieht sich die DVAG auch als gesuchter Partner von Staat und Öffentlichkeit. Dr. Pohl: „Es sind unsere Vermögensberater, die sich als Helfer von Politik und Staat an die Bürger wenden."

In der Tat werden die Lücken im sozialen Netz und damit auch die Notwendigkeit privater Vorsorge immer größer. Politik und Gesetzgeber fehlt es an wirkungsvollen Instrumenten zur Information und Aufklärung der Bürger.

Pohl kritisiert in diesem Zusammenhang auch das derzeitige politische Umfeld der Rahmenbedingungen. „Die wenigen bestehenden Motivationsinstrumente wie die Steuerfreiheit der Lebensversicherung werden beschnitten. Mit fatalen Folgen für das Versorgungsniveau der Bevölkerung."

Hier sieht Pohl auch die gesellschafts- und sozialpolitische Aufgabe seiner DVAG. „Denn es sind unsere Vermögensberater, die sich als Helfer von Politik und Staat an die Bürger wenden und diesen die gesetzlichen Regelungen erklären und individuelle Lösungsvorschläge erarbeiten."

„Maßstab in der Finanz- und Vermögensplanung",
WirtschaftsKurier, April 2005.

Seine Leute lieben seine Art der Ansprache

Pohl füllt die Rolle des klassischen Patriarchen aus. Seine Familie ist eng an das Unternehmen gebunden. Er versteht auch die DVAG selbst als „familiäre Berufsgemeinschaft“. Pohl hält sich viel darauf zugute, Mitarbeitern in Notlagen zu helfen. Um einen Spruch ist er nie verlegen. „Wer aufhört, besser zu werden, hat aufgehört, gut zu sein“, lautet eine seiner Lebensweisheiten, die er gern in seine Reden und Monologe einstreut. „Was stört es die gute alte deutsche Eiche, wenn sich eine Wildsau an ihr reibt“, eine andere.

Offenbar lieben seine Leute diese Art der Ansprache. Zum 70. Geburtstag des Patriarchen ließen sie eine Sprüchesammlung zusammenstellen, die intern mit Begeisterung aufgenommen wurde. (…)

Das Leben ist ein Wettbewerb, lautet das Programm. Und Leistung, sprich gute Verkaufszahlen, wird belohnt. Er kann wie kein Zweiter nicht nur den Kopf seiner Verkäufer über Geld für sich einnehmen, sondern auch ihren Bauch über verschiedenste Formen der Anerkennung kitzeln. Diese emotionale Komponente – die für sein Geschäft ideale Mischung aus Druck und Lob – ist Pohls große Stärke.

So wird gern die Geschichte erzählt, wie er das größte Passagierschiff der Welt für eine Karibikkreuzfahrt mietete. Statt die 3000 Plätze auf dem Schiff ausschließlich mit seinen Vermögensberatern zu füllen, lud er nur 1500 ein – mit deren Lebenspartnern. Der Effekt: Diejenigen, die nicht mit durften, weil sie in den Wettbewerbslisten nicht weit genug vorn standen, bekamen zu Hause den Vorwurf zu hören, sich nicht genug anzustrengen. Und selbst die Kojen auf dem Schiff wurden nach unterschiedlichen Leistungsklassen aufgeteilt – damit sich die Leute in den Innenkabinen auch besonders viel Mühe geben, beim nächsten Mal die schöne Außenkabine mit Balkon zu ergattern.

„Die Jagd nach Geld und Anerkennung“,
Frankfurter Allgemeine Zeitung, 15. Januar 2005.

Ein Meister der Mitarbeiter-Motivation: Die Krise als neue Chance

In den vorangegangenen fünf Stunden hat der 76 Jahre alte Gründer des größten Finanzvertriebs Deutschlands (...) einmal mehr bewiesen, wer der Meister der Verkäufermotivation im Lande ist. Alles lief bei dieser für die Zukunft seines Unternehmens so wichtigen Vertriebskonferenz in seinem Sinne. Zum Jahreswechsel verliert der (...) Finanzvertrieb mit dem Wegfall der steuerfreien Auszahlung von Lebensversicherungen eines seiner wichtigsten Verkaufsargumente. Und was machen seine Leute? Sie feiern. (...)

Am Ende eines langen Herbsttages ist die Festhalle der Frankfurter Messe, der größte Veranstaltungssaal des Rhein-Main-Gebietes, vollgepumpt mit Selbstbewusstsein und Tatendrang. Gleich werden die Konferenzteilnehmer noch ein blaues Tütchen am Ausgang in die Hand bekommen, mit dem sie die Welt erobern werden. Darin findet sich neben dem Kochbuch „Michael Schumachers Lieblingsgerichte" auch der noch druckfrische Antrag auf die neuartige Form von privater Rentenversicherung.

Die „Wunschpolice" soll die Deutsche Vermögensberatung (DVAG) auf Kurs halten. Umsatzsteigerung lautet auch für 2005 die Vorgabe. Kein Zweifel: Die neue Welt des Alterseinkünftegesetzes macht vieles komplizierter. Das trifft keinen Finanzvertrieb so unmittelbar wie Pohls Unternehmung, in der viele Seiteneinsteiger und am unteren Ende der Struktur auch Nebenberufler unterwegs sind.

Doch gleich zu Beginn macht der Patriarch von seinem Edelholz-Stehpult aus allen klar, dass in seinem Leben aus Krisen immer noch Chancen geworden sind. „Ich habe einmal gesagt, der Tag wird kommen, wo sich nach einem Gespräch nicht der Vermögensberater bedankt, sondern der Kunde", ruft er in den Saal.

Nach einer kurzen Pause fügt er hinzu: „Es ist so weit." Tausende Vermögensberater – ihr Rang in der DVAG-Struktur ist an der Farbe eines Buttons zu erkennen, den sie tragen müssen – erheben sich von ihren Sitzen.

„Lasst uns unseren Doktor glücklich machen",
Frankfurter Allgemeine Zeitung, 31. Januar 2004.

Immaterielle Entlohnung

Er hat früh erkannt, dass seine Berater genauso menschlich sind wie seine Kunden. Sie werden nicht nur materiell, sondern auch immateriell entlohnt.

„Bei uns muss niemand Angst um seine Zukunft haben",
Frankfurter Allgemeine Zeitung, 13. Juni 2003.

Vermögensberater sind Meinungsforscher

Pohl wusste stets besser als jeder andere, was in Deutschland los war, wenn es um die Themen Altersvorsorge, Rente und Vermögensbildung ging. Niemand hat je den Deutschen hierzu besser und nutzbringender „aufs Maul geschaut". Keiner im Lande wusste wie er, was Anleger, was Kunden wollten. Niemand hatte eine „field-research"-Truppe in diesem Land wie Pohl: Es sind die vielen tausend Berater, die er beschäftigt.

„Eine Branche gratuliert ihrem Gründer zum 75. Geburtstag",
Cash, Mai 2003.

Rolf Breuer und seine Kollegen von der DVAG

Innerhalb von nunmehr 28 Jahren hat der „Doktor", wie ihn viele in seinem Unternehmen nur nennen, alle Wettbewerber hinter sich gelassen. Wenn Pohl Ende April 75 Jahre alt wird, überblickt er ein Heer von rund 30 000 Leuten. Im Zeichen des markanten „V" im Firmenlogo führen sie rund 3,5 Millionen Kunden Pohls Produktpartnern zu. „Struckies" oder „Drücker" werden sie zuweilen verächtlich gerufen. Der zum patriarchalischen Gestus neigende Pohl hat für sie aus Imagegründen lieber den Begriff Vermögensberater gewählt.

Es sind zumeist einfache Menschen, die in Pohls Strukturvertrieb eine Chance bekommen. Kfz-Mechaniker oder Möbelpacker finden ohne Zögern Aufnahme in dem Geschäft, bei dem man sich zumindest nicht sichtbar die Finger schmutzig machen muss und dabei viel Geld verdienen kann. Sie sprechen die Sprache von Pohls Zielpublikum. Sie sind der Türöffner für die breite Bevölkerungsschicht, welche von den Banken wegen des wenigen Geldes, das dort zu holen ist, vernachlässigt wird. (…)

Alles läuft auf freiberuflicher Basis. Je höher man in der Hierarchie steigt, desto schneller fließt das Geld. Doch ein Selbstläufer ist dies nicht. Pohls Erfolgsgeheimnis besteht darin, dass keiner so kunstvoll auf der Motivationsklaviatur spielen kann wie er: „Die Leute brauchen Anerkennung, und das habe ich besser als alle anderen verstanden." (…)

Je länger die Ertragskrise in der deutschen Finanzwirtschaft andauert, umso eher entdecken traditionelle Finanzhäuser den Charme, den die Vertriebskraft von Organisationen wie der DVAG mit sich bringt. Sie schaffen nämlich in schlechten Zeiten frisches Geld heran. Der Preis, der dafür zu zahlen ist, scheint vergleichsweise günstig. Es geht wieder einmal nicht nur um Provision, sondern vielmehr um Anerkennung.

Zuletzt zahlte den Preis die Deutsche Bank. Im November 2001 unterzeichnete der damalige Vorstandssprecher Rolf Breuer eine Vereinbarung mit der DVAG über den künftigen Vertrieb von Fonds der Investment-Tochtergesellschaft DWS. Anschließend fuhren Breuer und Pohl zu einer Veranstaltung in die Jahrhunderthalle vor den Toren Frankfurts, um dort offiziell vor Hunderten DVAG-Leuten die neue Partnerschaft zu verkünden.

Breuer trat ans Rednerpult. Sagte: „Liebe Kolleginnen und Kollegen." Und kam nicht mehr zu Wort. Die Menschenmasse vor ihm sah diese vier Worte offensichtlich als den lange ersehnten Ritterschlag aus der Frankfurter Hochfinanz an. Minutenlang applaudierten sie enthusiastisch, gaben stehende Ovationen. Breuer dürfte einen solchen Aufruhr nie davor und nie wieder danach erlebt haben.

„Der Geldmacher", Frankfurter Allgemeine Sonntagszeitung, 20. April 2003.

Vermögensberater sind mobile Banken

Firmenlenker Pohl macht Dampf wie ein Junger. Gern sieht er sich als Oberhaupt einer familiären Berufsgemeinschaft. „Unsere Stärke liegt in unserem Zusammenhalt", resümiert der Firmenpatriarch. (...)

Pohls Vermögensberater sind mobile Banken, die auf Wunsch auch ins Haus kommen. Und offenbar gute Arbeit abliefern: „Die Kunden der Volks- und Raiffeisenbanken lassen sich lieber von Beratern freier Finanzdienstleister betreuen als von ihren Bankberatern", zitiert die FAZ eine Studie des Genossenschaftsverbandes Frankfurt.

Allfinanz hieß das Zauberwort, mit dem der promovierte Jurist Pohl die Versicherungs- und Finanzwelt revolutionieren wollte. Alle Dienstleistungen rund um Vorsorge und Vermögen aus einem Kopf. (...)

Dass Pohl Einmaliges geschaffen hat, zeigt ein Blick auf die Konkurrenz. Seine Allfinanzidee wurde vielfach kopiert, meist mit nur mäßigem Erfolg. „Sieht man die anderen folgen, ist dies stets ein gutes Zeichen", schmunzelt Pohl, der selbst für die deutsche Sprache eine Lanze gebrochen hat. Seine Wortschöpfung Allfinanz gehört zu den wenigen deutschen Begriffen, die in den internationalen Sprachgebrauch übernommen worden sind.

„Dampf vom Chef", Geld-Idee, 16. April 2003.

Beratung auch am Sonn- und Feiertag

„Wenn einer die deutsche Finanzwelt in den letzten Jahren verändert hat, dann bin ich es", sagt Pohl selbstbewusst. In Teilen hat er recht. Mit dem von ihm erfundenen Konzept der Allfinanz, also dem Verkauf von Bank-, Bauspar- und Versicherungsprodukten durch eine Person, unterscheidet sich die Vertriebsstrategie der DVAG wesentlich vom herkömmlichen Verkauf durch Banken und Versicherungen. Ein einziger Vermögensberater schnürt zu Hause – auch an Sonn- und Feiertagen – ein individuelles Paket zusammen.

Das Konzept kommt an. „Ich habe jetzt ein Vertragsvolumen von nahezu 150 Milliarden Mark in den Sparten Versicherung, Bausparen und Investment angesammelt. Dahinter stecken über drei Millionen Kunden als Vertragspartner", bilanziert Pohl. 1999 verzeichnete die DVAG Umsatzerlöse in Höhe von 1,35 Milliarden Mark nach einer Milliarde im Jahr zuvor.

Doch mit dem Erfolg wachsen auch die Probleme. „Man hat die Branche gegen sich, wenn man erfolgreicher ist als sie", ärgert sich Reinfried Pohl. „Neid ist der Hauptgrund, dass wir mit Ausdrücken wie Klopper oder Drücker bezeichnet werden." (...)

Während Banken und Sparkassen in den nächsten Jahren nach Expertenschätzung fast 200 000 Stellen wegrationalisieren werden, hat die DVAG aggressive Expansionspläne.

Von Pohls heutigen 25 000 Mitarbeitern ist nur ein verschwindend geringer Anteil fest angestellt, in der Regel arbeiten sie auf eigene Rechnung. Dabei kommt ein Kundenbetreuer schon mal auf ein Jahreseinkommen von einer halben Million Mark. (…) „Wenn ein Prozent meiner Berater Akademiker sind, dann ist das viel", sagt Pohl offen. Er glaubt, dass seine Kunden lieber von Nichtakademikern – von ihresgleichen – beraten werden.

Kritiker bemängeln oft das Qualitätsniveau der DVAG-Mitarbeiter, ein ehemaliger Bäcker oder eine Friseurin könne keine qualifizierte Finanzberatung leisten. Pohl hält dagegen, er schule seine Mitarbeiter vorbildlich, stecke 100 Millionen Mark jährlich in die Aus- und Weiterbildung. (…) Die geringe Zahl an Beschwerden beim Bundesaufsichtsamt für Versicherungswesen (66 im vergangenen Jahr, davon nur drei begründet) spräche für sich.

„Ein zu perfekter Verkäufer", Welt am Sonntag, 9. Juli 2000.

Die Mitarbeiter vertrauen „dem Doktor"

Pohls Kritiker reiben sich nicht nur an der Organisationsstruktur und bezeichnen die DVAG abschätzig als Strukturvertrieb oder manchmal sogar als Drückerkolonne. Der Erfolg rufe eben auch Neider auf den Plan, erklärt Pohl die zum Teil heftigen Angriffe gegen seine Person und das Unternehmen DVAG.

In das von den Kritikern entworfene Bild passen aufwendige Veranstaltungen, in denen Tausende seiner Vermögensberater mit Fahnen,

Fanfaren und viel Prominenz immer wieder die Verkaufsrekorde und den „Doktor" feiern, wie der Alleinvorstand von seinen Leuten genannt wird. Für Pohl sind solche Veranstaltungen Ausdruck des Selbstverständnisses des Unternehmens und Mittel zur Identifikation der Mitarbeiter mit der DVAG zugleich. „Der Mensch braucht Anerkennung und Gemeinschaftsgefühl", sagt er und verweist auch auf unternehmenseigene Urlaubszentren in Österreich und Portugal. (…)

„Ich bin immer wieder bekämpft worden", sagt Pohl. „Aber meine Tätigkeit hat auch eine hohe gesellschaftspolitische Bedeutung." Schließlich hingen neben den vielen Vermögensberatern der DVAG auch 1000 Arbeitsplätze der Verwaltungszentrale und Tausende Arbeitsplätze bei den Partnerunternehmen vom Erfolg des Unternehmens ab. Die Mitarbeiter vertrauen ihm und seiner Familie seit 23 Jahren.

„Das Unternehmergespräch",
Frankfurter Allgemeine Zeitung, 23. November 1998.

Qualität der Berater weiter verbessern

Pohl steckt auch heute noch voller Tatendrang. So (…) soll auch die Qualifikation der vielen selbständigen Vermögensberater weiter verbessert werden. Hierzu arbeitet er gemeinsam mit der Universität seiner langjährigen Heimatstadt Marburg am Aufbau eines Förderkreises für den Bereich Finanzwissenschaft.

„Reinfried Pohl 70 Jahre",
Frankfurter Allgemeine Zeitung, 25. April 1998.

Der Vermögensberater ist mehr als ein Versicherungsvertreter

In der aktuellen Allfinanz-Euphorie will so gut wie jeder die Idee erfunden und als Erster praktiziert haben. In einer in Buchform veröffentlichten Untersuchung („Berufsbild des Vermögensberaters", Poeschel Verlag, Stuttgart 1988) sieht Professor Johann F. Volrad Deneke, Präsident des Bundesverbands der Freien Berufe (BFB), die Faktenlage als klar und eindeutig an: Erfinder des Allfinanz-Begriffs und der Berufsbezeichnung „Vermögensberater" ist Reinfried Pohl. (…)

Der schlechte Ruf des Versicherungsvertreters, unter dem Pohl selbst zwölf Jahre lang zu leiden hatte, ließ ihn über eine neue Berufsbezeichnung nachdenken. Der erste Teil der Wortneuschöpfung ist erklärt, der zweite sollte auf eine neue, anspruchsvolle Aufgabe verweisen: Nach Pohls Vorstellung sollen Vermögensberater zunächst eine „Bestandsaufnahme der persönlichen und familiären Einkommens- und Vermögensverhältnisse sowie Versorgungsrechte" ihrer Mandanten erstellen. Danach ermitteln sie die finanziellen und versorgungsmäßigen Wunsch- und Zielvorstellungen ihrer Kunden, bevor sie daraus resultierende „Empfehlungen für Vermögens- und vorsorgewirksame Anlagen geben und entsprechende Verträge vermitteln".

Heute ist Pohls Deutsche Vermögensberatung AG (DVAG) mit 4700 Vermögensberatern die größte Organisation selbständiger Vermögensberater. Diese arbeiten neben- bis hauptberuflich als freie Handelsvertreter. Obwohl sie als Selbständige arbeiten, sind sie dennoch in eine Vertriebsorganisation mit hierarchischer Struktur und klaren Aufstiegswegen eingebunden.

Nachdem sich Pohls Konzept erfolgreich behauptet und durchgesetzt hat, ist er um Mitarbeiternachwuchs nicht mehr verlegen.

„DVAG-Allfinanzberater sind selbständig und gehorchen dennoch vielen Bossen", Wirtschaftswoche/Handelsblatt vom 6. Oktober 1989.

Professor Dr. jur. Dr. h. c. mult.
Reinfried Pohl

Ein außergewöhnlicher Lebenslauf

Lebenslauf Professor Dr. jur. Dr. h.c. mult. Reinfried Pohl

26. April 1928
Geboren in Zwickau im Sudetenland (Nordböhmen) als dritter Sohn der Eheleute Gerhard und Maria Pohl aus Zwickau.

Februar 1944 bis Januar 1945
Kriegsdienst als Luftwaffenhelfer in Prag.

Januar 1945 bis Kriegsende
Wehrdienst als Panzergrenadier an der Ostfront.

10. Mai 1945
Rückkehr nach Zwickau.
Der Vater wird verhaftet und nach Bautzen gebracht.

Juni 1945
Vertreibung zusammen mit der Mutter aus dem Sudetenland nach Halle an der Saale in der damaligen sowjetisch besetzten Zone (SBZ).

September 1945
Mitbegründer der Liberal-Demokratischen Partei (LDP) in der SBZ.

Februar 1946
Der Vater stirbt im Zuchthaus Bautzen, die Familie wird jedoch nicht benachrichtigt.

8. März 1947
Abitur in Halle an der Saale.

April 1947 bis August 1948
Nach Verweigerung eines Studienplatzes an der Universität Halle aus

politischen Gründen wird Reinfried Pohl hauptamtlicher Landesjugendsekretär der Liberal-Demokratischen Partei (LDP) in Sachsen-Anhalt.

August 1948
Flucht aus der SBZ, um einer drohenden Verhaftung zu entkommen. Neuer Wohnort: Marburg an der Lahn.

Oktober 1948 bis 1953
Studium der Rechtswissenschaften an der Universität Marburg; Finanzierung des Studiums durch Arbeit als Werkstudent.
Mitbegründer des Liberalen Hochschulbundes in der Bundesrepublik.

März 1953
Erstes juristisches Staatsexamen.

Dezember 1953
Promotion zum Dr. jur. Thema der Doktorarbeit: „Die Sozialisierung in Hessen. Die Artikel 39 bis 41 der Verfassung des Landes Hessen vom 11. Dezember 1946“.

1954 bis 1956
Studium der Volkswirtschaftslehre und zugleich juristisches Referendariat (nicht beendet).

1954
Erstmalige Wahl zum Stadtverordneten in Marburg auf der Liste der FDP.

August 1956
Aufnahme der Außendienst-Tätigkeit für den GERLING-KONZERN in Gießen.

21. Juni 1958
Hochzeit mit Anneliese Klingelhöfer.

1958 bis 1962
Stellvertretender Stadtverordnetenvorsteher in Marburg.

November 1959
Geburt des Sohnes Reinfried.

Juli 1964
Geburt des Sohnes Andreas.

1967
Beendigung der Tätigkeit für den Gerling-Konzern und Beginn einer engen Zusammenarbeit mit den Versicherungsgesellschaften DEUTSCHER HEROLD, Geschäftsführer der IOS Versicherungs-Vermittlungs GmbH, stellvertretender Verwaltungsratsvorsitzender der IOS Deutschland.

Februar 1969
Prägung und Einführung des Begriffs ALLFINANZ im Zusammenhang mit der Entwicklung einer neuen Konzeption zum Direktvertrieb von Finanzdienstleistungen (u. a. Versicherungen, Bausparverträge, Fondssparpläne, Baufinanzierungen).
In einer Fachzeitschrift veröffentlicht Reinfried Pohl zum ersten Mal den Begriff ALLFINANZ. Zugleich wagt er eine Vorhersage, die sich zur Überraschung der Finanzbranche im Laufe der Zeit bewahrheiten sollte: „Nur eine umfassende, sozusagen ‚konzertierte' Beratung kann den Interessen des Kunden ganz gerecht werden. Nur sie wird in Zukunft erfolgreich sein."
Von da an setzt sich der Begriff ALLFINANZ allmählich in der Finanzwelt durch, erst in Deutschland, dann weltweit.

September 1969
Beendigung der Zusammenarbeit mit der IOS.
Austritt aus der FDP.

Januar 1970
Prägung und Einführung des Begriffs VERMÖGENSBERATER.

Juli 1970
Beginn des Aufbaus der BONNFINANZ AG in Bonn zur ersten deutschen Vermögensberatungsgesellschaft.
Berufung zum Generalbevollmächtigten der Versicherungsgesellschaften des DEUTSCHEN HEROLD.
Eintritt in die CDU.

Mai 1973
Gründung des Berufsverbandes BUNDESVERBAND DEUTSCHER VERMÖGENSBERATER, seither Präsident dieses Verbandes.

Februar 1975
Beendigung der Tätigkeit als Vorstand der BONNFINANZ und als Generalbevollmächtigter für den DEUTSCHEN HEROLD.

Juni 1975
Erwerb der KOMPASS – Gesellschaft für Vermögensanlagen mbH.

Juli 1975
Beginn der Zusammenarbeit mit der AACHEN-MÜNCHENER-VERSICHERUNGSGRUPPE.

März 1976
Gründung der ALLGEMEINEN VERMÖGENSBERATUNG AKTIENGESELLSCHAFT in Frankfurt.
Von 1980 an ist Reinfried Pohl Alleinvorstand.

Juni 1983
Umbenennung des Unternehmens in DEUTSCHE VERMÖGENSBERATUNG AKTIENGESELLSCHAFT (DVAG).

April 1988
Verleihung der Wilhelm-von-Humboldt-Plakette des Bundesverbands der Freien Berufe.

April 1988
Verleihung des Bundesverdienstkreuzes des Verdienstordens der Bundesrepublik Deutschland, überreicht durch den hessischen Ministerpräsidenten Dr. Walter Wallmann.

April 1993
Verleihung des Bundesverdienstkreuzes 1. Klasse, überreicht durch Bundeskanzler Dr. Helmut Kohl.

September 1996
Verleihung des Komturkreuzes des österreichischen Burgenlandes, überreicht durch den Landeshauptmann (Ministerpräsidenten) Karl Stix.

Oktober 1997
Gründung der Dr.-Reinfried-Pohl-Stiftung in Marburg. Stiftungszweck ist die Förderung der Philipps-Universität Marburg.

Oktober 1998
Verleihung des Großen Verdienstkreuzes des Verdienstordens der Bundesrepublik Deutschland, überreicht durch Bundeskanzler Dr. Helmut Kohl.
Ernennung zum Ehrensenator der Philipps-Universität Marburg.

Dezember 1998
Verleihung des Gra-Cruz da Ordem do Mérito Agricola e Industrial, des Großkreuzes des Verdienstordens der Republik Portugal, überreicht durch den Präsidenten der Republik Portugal, Dr. Jorge Sampaio.

Dezember 2001
Beginn der Zusammenarbeit mit der DEUTSCHEN BANK AG. Die Deutsche Vermögensberatung übernimmt die Funktion des mobilen Vertriebs der Bank.

Juni 2002
Verleihung des Großen Goldenen Ehrenzeichens für die Verdienste

um die Republik Österreich, Kommandeurkreuz 1. Klasse, überreicht durch den österreichischen Bundeskanzler Dr. Wolfgang Schüssel.

Januar 2003
Umbenennung der KOMPASS in DEUTSCHE VERMÖGENSBERATUNG HOLDING GmbH. Zugleich nimmt die Holding ihre operative Tätigkeit auf. Zu diesem Zeitpunkt gibt Reinfried Pohl die Funktion des Alleinvorstandes der Deutschen Vermögensberatung AG auf und übernimmt den Vorsitz des neu gebildeten Vorstandes der AG.

Juni 2003
Verleihung der Ehrendoktorwürde des Fachbereichs Rechtswissenschaften der Philipps-Universität Marburg.

November 2003
Verleihung der Ehrendoktorwürde der Lucian-Blaga-Universität in Sibiu/Hermannstadt (Rumänien).

Dezember 2003
Verleihung der Ehrendoktorwürde des Fachbereichs Medizin der Philipps-Universität Marburg.

Juli 2006
Die Stadtverordnetenversammlung der Stadt Marburg beschließt, Dr. Pohl die Ehrenbürgerwürde zu verleihen.

Dezember 2006
Verleihung des Großen Verdienstkreuzes mit Stern des Verdienstordens der Bundesrepublik Deutschland, überreicht durch den hessischen Ministerpräsidenten Roland Koch.

Mai 2007
Verleihung des Ehrentitels Professor durch das Land Hessen.

Gegenwärtige berufliche Funktionen

- Deutsche Vermögensberatung Holding GmbH, Marburg: Vorsitzender der Geschäftsführung
- Deutsche Vermögensberatung Aktiengesellschaft DVAG, Frankfurt am Main: Vorsitzender des Vorstandes
- Deutsche Vermögensberatung Aktiengesellschaft, Wien: Vorsitzender des Vorstandes
- „Der Vermögensberater" Verlags- und Servicegesellschaft mbH, Frankfurt: Vorsitzender der Geschäftsführung
- TURISVILAS-INVESTIMENTOS S.A., Lissabon: Vorsitzender des Vorstandes
- Alisol-Investimentos Imobiliarios Turisticos, S.A., Alporchinhos/Portugal: Vorsitzender des Vorstandes
- Bundesverband Deutscher Vermögensberater e.V., Marburg: Vorsitzender des Vorstandes
- Assicurazioni Generali S.p.A., Triest/Italien: Mitglied des Verwaltungsrates
- AMB Generali Holding AG, Aachen: Mitglied des Aufsichtsrates
- AachenMünchener Lebensversicherung AG, Aachen: Mitglied des Aufsichtsrates
- DWS Investment GmbH, Frankfurt: Mitglied des Aufsichtsrates
- ATLAS Dienstleistungen für Vermögensberatung GmbH, Frankfurt am Main: Stellvertretender Vorsitzender des Aufsichtsrates
- ALLFINANZ Aktiengesellschaft für Finanzdienstleistungen, Frankfurt am Main: Vorsitzender des Aufsichtsrates
- Deutsche Akademie für Vermögensberatung, Marburg: Vorsitzender des Vorstandes
- Deutsches Berufsbildungswerk Vermögensberatung (DBBV), Marburg: Vorsitzender des Vorstandes
- Unterstützungskasse der Deutschen Vermögensberatung AG, Frankfurt am Main: Vorsitzender des Vorstandes
- Pannonia Grundstücksverwaltungsgesellschaft mbH, Pamhagen/Österreich: Vorsitzender der Geschäftsführung
- Forschungsstelle für Finanzdienstleistungsrecht der Philipps-Universität Marburg: Mitglied des Vorstandes

- Kompass Gesellschaft für Vermögensanlagen mbH, Frankfurt am Main: Geschäftsführer
- Allgemeine Vermögensberatung Gesellschaft für Vermögensanlagen mit beschränkter Haftung, Frankfurt am Main: Geschäftsführer
- ALLFINANZ Deutsche Vermögensberatung AG, Frankfurt am Main: Vorsitzender des Aufsichtsrates

Die Deutsche Vermögensberatung AG

Eine Erfolgsgeschichte in Zahlen

1975
Beginn des Unternehmensaufbaus mit etwa 35 Vermögensberatern und 2 Mitarbeitern im Innendienst unter dem Namen „KOMPASS – Gesellschaft für Vermögensanlagen mbH“ in Frankfurt. Enge Zusammenarbeit mit der AachenMünchener-Versicherungsgruppe.

1976
Gründung der ALLGEMEINEN VERMÖGENSBERATUNG AKTIENGESELLSCHAFT.
Anmietung eines Stockwerks in einem Bürohaus in der Münchener Straße 1 in Frankfurt am Main als Firmensitz.

1977
Über 800 Vermögensberater vermitteln eine Vertragssumme von 690 Millionen DM (Lebensversicherung, Bausparen, Investmentfonds); sie werden von 5 Mitarbeitern in der Zentrale unterstützt.

1978
Im Neugeschäft wird erstmals die Vertragssumme von 1 Milliarde DM deutlich überschritten, vermittelt von 1050 Vermögensberatern.
Die Unterstützungskasse des Unternehmens nimmt ihre Arbeit auf.

1980
Das Neugeschäft steigt auf 1,8 Milliarden DM und die Zahl der Kunden auf über 100 000.

1983
Umbenennung des Unternehmens in DEUTSCHE VERMÖGENSBERATUNG AKTIENGESELLSCHAFT (DVAG).

1985
2500 Vermögensberater erreichen im Neugeschäft eine Vertragssumme von 2,8 Milliarden DM.
Gründung der Deutschen Akademie für Vermögensberatung e.V.

1988
Rund 4300 Vermögensberater vermitteln neue Verträge mit einem Volumen von 6,4 Milliarden DM.
Das Grundkapital wird auf 10 Millionen DM erhöht.

1989
Die Gesellschaft erwirbt ihren Firmensitz, das Haus Münchener Straße 1 in Frankfurt am Main.

1991
Über 11 000 Vermögensberater betreuen 1,5 Millionen Kunden und erreichen ein Vertragsvolumen im Neugeschäft von fast 20 Milliarden DM.
Erstmalige Vermittlung von 1 Million Verträgen im Jahr für die Partnergesellschaften.

1993
In Wien wird die Allgemeine Vermögensberatung, eine hundertprozentige Tochter der Deutschen Vermögensberatung AG, gegründet.
Die Zahl der Kunden steigt auf 2 Millionen.

1995
Die Deutsche Vermögensberatung wird erstmals Marktführer bei Fondsgebundenen Lebensversicherungen.

1997
Die Vertragssumme der bisher vermittelten Versicherungen (Bestandsvolumen) übersteigt 100 Milliarden DM. Das Grundkapital wird auf 100 Millionen DM erhöht.

1998

Die Umsatzerlöse überschreiten 1 Milliarde DM; 17 300 Vermögensberater steigern das Neugeschäft auf eine Vertragssumme von fast 30 Milliarden DM.

1999

Die Deutsche Vermögensberatung ist weltweit der größte eigenständige Finanzvertrieb. 21 000 Vermögensberater betreuen 3 Millionen Kunden.

2001

Beginn der Zusammenarbeit mit der DEUTSCHEN BANK AG. Die Deutsche Vermögensberatung AG übernimmt die Funktion des mobilen Vertriebs der Bank.

2002

Bei der Einführung des Euro wird das Grundkapital auf 120 Millionen Euro erhöht.

2003

Die Zahl der Vermögensberater steigt auf über 30 000, die der Kunden auf 3,5 Millionen.
Das Eigenkapital beträgt 272 Millionen Euro, die Eigenkapitalquote 47 Prozent.
Das Ergebnis aus gewöhnlicher Geschäftstätigkeit beläuft sich auf 117,1 Millionen Euro, der Jahresüberschuss auf 71,3 Millionen Euro. Damit erzielt die Deutsche Vermögensberatung AG einen höheren Gewinn als 6 der im DAX notierten Konzerne. Zugleich weist die DVAG einen höheren Gewinn aus als 28 der 50 Unternehmen im M-DAX.

2004

Das bisher beste Jahr in der 29-jährigen Geschichte des Unternehmens. Es ist allerdings beeinflusst durch den Schlussverkauf bei der Kapitallebensversicherung im Hinblick auf die steuerlichen Veränderungen, die 2005 in Kraft treten.

32 400 haupt- und nebenberufliche Vermögensberater erzielen in der Bundesrepublik ein Umsatzvolumen von 914 Millionen Euro. Das entspricht einer Steigerung um knapp 34 Prozent. Die Umsatzerlöse der DVAG sind damit höher als das Gesamtvolumen aller anderen großen eigenständigen Finanzvertriebe in Deutschland. Die Zahl der Kunden beträgt 3,8 Millionen.
Das Betriebsergebnis steigt um fast 37 Prozent auf über 160 Millionen Euro, und der Jahresüberschuss verbessert sich um knapp 24 Prozent auf über 88 Millionen Euro.

2005
Ein außergewöhnlich erfolgreiches Jahr, obwohl Umsatz und Ergebnis durch den zu erwartenden Rückgang bei der Kapitallebensversicherung beeinflusst werden. Doch zeigt sich im Jahr des 30-jährigen Firmenjubiläums, dass das Allfinanz-Konzept von Dr. Reinfried Pohl zur „benchmark", zum Maßstab der Finanzbranche, geworden ist:

- Die von der DVAG vor 30 Jahren eingeführte Vermögensanalyse ist zum Allgemeingut geworden.
- Sparkassen und Banken setzten inzwischen verstärkt darauf, ihre Kunden zu Hause zu beraten.
- Die Außendienstmitarbeiter der Geldinstitute nennen sich nach dem Vorbild der DVAG inzwischen ebenfalls „Vermögensberater".
- MLP beschränkt sich nach dem Beispiel der DVAG auf den Vertrieb und verzichtet auf das Angebot eigener Produkte.
- Die Erfolge der DVAG beim Vertrieb der Riester-Rente veranlassen die Wettbewerber, dieses Produkt vermehrt anzubieten.

Mit 807 Millionen Euro Umsatz erreicht die DVAG ihr zweitbestes Ergebnis. Das bedeutet – wegen der erwähnten Sondereinflüsse – im Vergleich zum Vorjahr einen Rückgang um 11,6 Prozent. Zum Vergleich: Die Branche muss 2005 einen Rückgang um 23 Prozent hinnehmen.
Betriebsergebnis und Jahresüberschuss gehen auf 147 Millionen Euro (–9 %) bzw. 86 Millionen Euro (–4 %) zurück, liegen aber über den Werten von 2003. Mit diesem Jahresüberschuss lässt die DVAG 28 im M-DAX notierte Gesellschaften hinter sich. Die Zahl der Kunden steigt auf mehr als 3,9 Millionen, die der Vermögensberater auf 32 700.

Die Deutsche Vermögensberatung behauptet ihre langjährige Position als Marktführer bei Fondsgebundenen Lebensversicherungen. Bei den Lebensversicherungen bucht die DVAG 2,5 Milliarden Euro an Beiträgen. Wäre die DVAG eine selbständige Lebensversicherungsgesellschaft, nähme sie beim Neugeschäft den dritten, beim Bestand den fünften Rang unter 108 Lebensversicherungsunternehmen ein. Bei den Neuabschlüssen für die staatlich geförderte Altersvorsorge (Riester-Rente) erreicht die DVAG Platz 2.

2006
Das unter strategischen Gesichtspunkten wichtigste Ereignis des Jahres findet erst im November statt: Die Deutsche Vermögensberatung AG erhält die alleinige Vertriebskompetenz für Produkte der AachenMünchener-Versicherungen. Bisher war die DVAG die wichtigste Vertriebsorganisation für die AachenMünchener; jetzt ist sie die einzige.

Die Umsatzerlöse steigen um 7 Prozent auf 863 Millionen Euro, der Jahresüberschuss erhöht sich um mehr als 32 Prozent auf 114,1 Millionen Euro.
Nunmehr sind 33 522 Vermögensberater für die DVAG tätig. Die mehr als 4 Millionen Kunden bewerten ihre Arbeit laut „Service-Rating" mit „sehr gut". Die Neuauflage des Karriere-Ratings ergibt folgendes Ergebnis: „sehr gut" und „Ausblick positiv".

2007
Die Deutsche Vermögensberatung baut ihren Vorsprung als weltweit größter eigenständiger Finanzvertrieb weiter aus.

Die Umsatzerlöse im Inland steigen um mehr als 16 Prozent und übertreffen damit erstmals die Marke von 1 Milliarde Euro. Dieser Wert wird ausschließlich durch organisches Wachstum erzielt.
Der Jahresüberschuss steigt um glatte 10 Prozent auf 125 Millionen Euro.

Die Zahl der Vermögensberater erreicht mit nahezu 34.000 einen neuen Höchststand.

Quellen für „Reinfried Pohl im Spiegel der Medien“

(Auszug)

Börsentrend
Börsen-Zeitung
Bild
Capital
Cash
Der Erfolgreiche Weg
Der Platow Brief
Der Vermögensberater
Der Volks- und Betriebswirt
Die Welt
Geld Idee
Financial Times Deutschland
Focus Money
Frankfurter Allgemeine Sonntagszeitung
Frankfurter Allgemeine Zeitung
Frankfurter Neue Presse
Gazeta de Lagoa
Handelsblatt
Manager Magazin
Marburger Neue Zeitung
Marburger Uni-Journal
Marburger Universitätszeitung
Oberhessische Presse
Stern
Süddeutsche Zeitung
Welt am Sonntag
Westfälische Rundschau
WirtschaftsKurier
Wirtschaftswoche

Bildquellen

Imago:
Seite IV (unten), IX (unten)

Picture-Alliance/dpa:
Seite VIII (unten)

Bundespresseamt:
Seite IX (oben)

Martin Joppen:
Seite X

Carsten Herwig:
Seite XI, XIII, XVI (oben), XVII (unten), XVIII (unten), XIX, XX, XXI, XXII (unten), XXIII, XXIV, XXV, XXVI (oben), XXVII, XXVIII/XXIX, XXX/XXXI

Actionpress:
Seite XXVI (unten)

Wolfgang von Brauchitsch:
Seite XXXII

Alle übrigen Bilder stammen aus dem Archiv der Deutschen Vermögensberatung AG.